# 일과 인생의 균형감각

"BARANSU NO II HITO" TO IWARERU HITO IWARENAI HITO
by SAITO Shigeta

Originally published in Japan by SHINKO SHA, Tokyo.
Korean translation rights arranged with SHINKO SHA, Japan
through THE SAKAI AGENCY and BOOKPOST AGENCY.

# Work Life Balance

# 일과 인생의 균형감각

사이토 시게타 지음 | 박현석 옮김

사과나무

옮긴이의 말

# 경영의 새 話頭: 일과 생활의 균형

이 책의 원고를 거의 탈고할 즈음, 우연히 삼성경제연구소의 사이트(www.seri.org)에서 〈일과 생활의 균형(Work Life Balance)〉이라는 제목의 연구 보고서를 보고 자못 놀랐다.

우연의 일치인지, 트렌드를 읽은 출판사의 기획의도와 맞아떨어졌는지는 몰라도 이 책의 주제인 '일과 삶의 균형'이라는 사회적인 요구를 다루고 있다는 점에서 같았다.

그리고 궁극적인 목적—개인의 삶의 질을 높이고, 일과 생활을 모두 잘해내고 있다고 느끼며 그럼으로써 행복을 추구한다는 점에서도 궁극의 목표가 맞닿아 있었다.

WLB 프로그램은 변화된 경쟁 환경 속에서 경쟁력을 제고하기 위해 기업 차원에서는 상당수 도입되고 있지만, 개인의 측면에서는 각자의 생활이 너무도 다양하고 편차가 커서 구체화하기란 쉽지 않을 듯했다.

이 책은 현대를 살아가는 직장인들에게 '균형 감각을 잃지 말라'고 조언하고 있다. 직장과 집이라는 물리적인 환경에서의 '균형'은 물론, 정신과 마음의 균형, 더 나아가 인생의 균형을 유지하는 방법을 제시하고 있다. 그것은 회사도 사회도 국가도 해줄 수 없는 오직 각자 개인이 풀어가야 할 숙제이기 때문이다.

그럼 어떻게 '일과 생활의 균형'을 유지하며 행복한 인생을 추구할 수 있을까?

정신과 의사인 저자는 이 책에서 직장인들이 회사에서, 또 인생살이에서, 인간관계나 가족관계에서 한쪽으로 치우치지 않고 균형감을 잃지 않으면서 행복한 인생을 살아갈 수 있도록 조언해주고 있다.

일과 휴식의 균형, 상사와 부하간의 균형, 개인과 사회와의 균형, 이상과 현실의 균형, 회사와 집의 균형, 괴로움과 즐거움의 균형, 칭찬과 꾸중의 균형, 나이와 체력의 균형, 일과 취미의 균형, 재능과 노력의 균형… 등등에 대해 노련한 인생 선배가 후배에게 들려주는 인생론과 같다.

이승엽 선수의 맹활약으로 일본의 프로야구가 한국에서도 생방송

되곤 하는데, 보고 있노라면 한 가지 의아한 점이 있다. 평일 오후에 진행되는 야구 경기에 항상 관중석이 꽉 차 있는 것이다.

여기서 한 가지 의문점이 든다. 일본에는 저렇게 실업자가 많은가? 아니라면 회사에서 퇴근을 일찍 하는가? 한국에서는 퇴근 후 으레 다음 코스인 회식도 없는가? 주머니 사정이나 마음이 넉넉하기 때문인가? 온갖 생각이 스쳐간다.

그도 저도 아니라면, 그들은 일 외에도 자신의 '생활'을 제대로 영위할 줄 아는 사람이라는 결론이다.

회사와 일을 우선시하던 기성세대와 달리, 최근 직장인들의 의식은 개인의 생활을 중시하는 방향으로 변화하고 있다. '일과 생활의 균형'을 추구하는 움직임이 본격화되고 있는 것이다. 사회인으로서 인정받고 일중독에 빠지지 않으며 가족과 개인의 생활을 중시하며 삶의 질을 높일 수 있는 것, 그것이 바로 '일과 인생의 균형'을 가져야 하는 이유이다.

그런데 많은 직장인들이 이 부분을 기업의 문화쯤으로 치부할 것이 아니라 사회적, 개인적인 차원에서 어떤 바람직한 기준이 필요하다고 느끼고 있다. 즉, 일과 생활의 균형이 양적(시간적, 물질적) 균형 말고도 질적인 측면(자아 실현과 자기계발 등)까지 이어질 수 있었으면 하고 바라고 있다.

그러나 개인들은 아직 아무런 준비도 되어 있지 않다. 미래에 대해서도 준비되어 있지 않다. 노는 것도 휴식도 서툴다.

아무런 방향 제시 없이 '일과 생활의 균형'을 강조할 것이 아니라 구체적이고 소소한 데까지 접근해주는 안내자가 필요하다. 그런 의미에서 이 책이 많은 직장인들에게 그 첫 안내자 역할을 할 수 있으리라 생각한다.

진정 한 인간으로 살아가면서 추구해야 할 것들이 무엇인지 곰곰이 되새겨보면 결국에는 일과 생활의 조화를 이루어 행복하게 사는 것이 아닐까.

인생의 방향을 알았으면 걸어가는 것은 각자의 몫이다.

# 인생에서 균형 감각을 잃지 말자

어떤 일에 '휘둘려서' 자신의 뜻과는 상관없이 바쁜 나날을 보내는 사람들이 있다.

이기적인 사람에게 휘둘리기도 한다. 회사의 방침에 휘둘리기도 한다. 다른 사람의 기분은 조금도 생각지 않는 이기적인 상사에게 휘둘리기도 한다. 버릇없는 자식에게 휘둘리기도 한다.

넘쳐나는 재테크 정보에 휘둘리기도 한다. 바쁜 업무에 휘둘리기도 한다. 유행에 휘둘리기도 한다. 뜻대로 되지 않는 세상일에 휘둘리기도 한다.

이처럼 자신도 모르는 사이에 '자신다운 삶'을 조금씩 잃어간다.

이들은 어떤 사람들인가. 타인을 대할 때 다음과 같은 경향을 보이는 사람들이다.

- 화를 잘 내는 사람.
- 의심이 많은 사람.
- 고집이 센 사람.
- 허영심이 강한 사람.

사방으로 스트레스를 뿌리며 다니는 사람이라고도 할 수 있을 것이다.

한편 자신을 책망하거나 격려해가면서 새로운 스트레스를 자신에게 주는 사람도 있다. 예를 들면 다음과 같은 사람들이다.

- 피곤함에도 불구하고 더욱 열심히 하려는 사람.
- 무슨 일이든 타인과 경쟁하려는 사람.
- 한 번 기가 꺾이면 회복을 못하는 사람.
- 여러 사람과 함께 있지 않으면 만족할 수 없다는 사람.

모두가 인격이나 사고방식 어딘가에 '편견'이 있는 사람처럼 보이기도 한다. 그 '편견'이 커다란 스트레스를 품는 요인이 되는 것이다.

이와는 반대로 '저 사람은 좋은 사람이야.', '좋은 평을 얻고 있어, 저 사람.', '저 사람 나도 아주 좋아해.'라는 말은 듣는 사람들은 인격이나 사고방식에 '편견'이 없다.

그런 사람을 '균형감각 있는 사람'이라고 말할 수 있다.

예를 들면 다음과 같은 사람이다.

- 화를 낼 때는 화를 내지만, 정이 많은 사람.
- 조심은 하지만, 사람을 신뢰하는 마음이 넘쳐나는 사람.
- 고집스러운 면도 있지만, 유연한 사고방식을 가지고 있는 사람.
- 열심히 하기는 하지만, 확실하게 휴식을 취할 줄도 아는 사람.
- 풀이 죽을 때도 있지만, 바로 일어나 기운을 회복하는 사람.

이처럼 폭넓은 활동을 하며 오른쪽으로도 왼쪽으로도 가지만, 그것은 우왕좌왕하는 것이 아니라 알맞은 자리에서 무리하지 않고 현실적인 판단을 하는 것이다. 그런데도 에너지나 시간을 그다지 들이는 것 같지도 않다. 하루하루 '가벼운 마음'으로 살아가고 있는 것처럼 보인다.

이처럼 '균형감각 있는 사람'이란 어떤 사람을 말하는 것일까? 어떤 점이 다른 것일까?

다른 사람과의 거리감이나 앞을 내다보는 예지력, 사물의 본질을 꿰뚫어보는 직관력, 이해력, 통찰력, 경험이나 심리학…… 등을 포함해서 여러 가지 힘을 가지고 있는 것처럼 보인다.

아무런 생각도 하지 않고 아무것도 하지 않고 있으면 그야말로 '휘둘리게' 된다.

인간관계의 균형, 일과 삶의 균형, 가족간의 균형, 상사와 부하간의 균형, 회사와 개인의 이익간의 균형 등등.

이런 것들에서 지나치지도 모자라지도 않게 균형을 지키면서 '삶의 질'을 높이고 행복을 추구할 수는 없을까?

어떻게 해야 한쪽으로 치우치지 않고, 극단으로 치닫지 않고 균형 잡힌 삶을 유지할 수 있을까? 함께 생각해보고 싶다.

저자

# 차례

1장

# 워커홀릭

Work
Life
Balance

Work Life Balance

# 01 일중독에 빠진 사람은 마음이 가난하다

지나친 성실함은 몸을 망친다. 하찮은 것, 도움이 되지 않는 것,
하지만 즐거운 것에 소비하는 시간을 좀 더 늘려야 한다.

나이를 먹을수록 시간의 흐름은 더욱 빠르게 느껴진다. 하루가 끝나고, 한 달이 지나고, 일년이 흘러 나이를 더해가는 것은 눈 깜빡할 사이이다.

젊은이라고 해서 방심해서는 안 된다. 대체로 스무 살이 지날 무렵부터 빠르다고 느끼게 되며, 서른이 지날 무렵이 되면 속도가 더해지고, 마흔을 넘으면 기아를 변속한 것과 같은 속도감을 느끼게 된다.

자신은 '아직 젊어'라고 생각하고 있지만 주위 사람들의 눈에 비치는 것은 이미 훌륭한 '아저씨'의 모습이다. 하지만 같은 나이임에도 불구하고 세월이 비껴간 것처럼 젊음과 건강을 유지하고 있는 사람도 있다.

"요즘 시간이 너무 빨리 지나가."라고 투덜대는 사람은 자신이 '하루가 다르게 늙어가고 있다'는 사실을 스스로 인정하고 있는 것과 같다. 그런 생각을 고치는 게 좋다.

아침에 일어나서 식사도 하는 둥 마는 둥 출근, 아이들 얼굴 볼 틈도 없이 지하철역으로 달려간다. 저녁 늦게까지 야근하다 집에는 잠을 자러 들어올 뿐.

아내는 아내대로 남편과 아이들을 보낸 뒤에는 청소, 세탁, 낮잠, 장을 보러 가서 저녁 찬거리 장만…… 등 시간에 쫓기며 정신없이 살아가지만 단조로운 생활의 연속이다.

그것이 '하루가 다르게 늙어가는' 가장 커다란 이유 중 하나다. 하루하루 '쓸데없이 바쁘기만 하고 왠지 모르게 허전하다', '사는 것이 즐겁지 않다'는 기분이 점점 마음의 생기를 앗아간다.

회사 일과 윗사람, 거래처에 휘둘려서 오늘 하루도 눈 깜빡할 사이에 지나버렸네, 아 피곤하다…… 다시 말해 '자신의 시간이 없는 사람'이다.

회사원들을 대상으로 '자신의 시간을 활용하여 하고 싶은 일은 무엇인가?'라는 조사를 해봤더니 대부분의 대답은 영어 공부, 자격증 취득, 인사노무에 관한 전문지식 습득 등이었다고 한다. 즉 '일에 도움이 되는 것', '직장에서의 자기 계발을 위한 것' 등이다. 바람직한 자세라고 할 수 있겠지만, 동시에 내 머릿속에는 '마음의 가난'이라는 단어도 떠오른다. 오랜만에 얻은 자신의 시간까지 일을 위해서 사용한다면 삶의 균형이라는 면에서 볼 때 그다지 좋지 않다.

일, 일 하며 너무 진지하게 생각해서는 안 된다. 지나친 성실함은 몸을 망친다. 하찮은 것, 도움이 되지 않는 것, 하지만 즐거운 것에 소비하는 시간을 좀 더 늘려야 한다. 자신만의 시간은 여유있게 보내야 한다. 그것이 인생의 균형을 바로 잡아준다.

# 02 시간의 운용도 하나의 기술이다

'바빠서 개인적인 시간은 없다.'는 말은 게으른 자들이 상투적으로 쓰는 말이다. 과연 좋아하는 이성이 데이트를 신청해 와도 역시 '바빠서'라며 거절을 할까?

이른바 '워커홀릭'이라고 불릴 만큼 균형이 깨져버린 사람이 있다. 아침부터 밤까지 첫째도 일, 둘째도 일, 아이의 얼굴은 잠들어 있는 얼굴밖에 본 적이 없다. 아내와 대화를 나눈 적은 '어, 있었나?' 싶을 정도이다. 시간의 분배가 지나칠 만큼 '공적인 쪽(회사 일)'으로 치우쳐 있다.

대체로 그러한 치우침은 사람을 그냥 내버려두지 않는다. 과도한 스트레스가 되어 몸에 부담을 주고 마음의 건강에 문제를 일으켜 병원으로…… 이와 같은 수순이 기다리고 있다.

음식으로 공급하는 영양의 균형이 깨지면 병에 대한 저항력이 떨어지는 것과 같은 이치이다. 시간을 적절히 분배하는 것도 마찬가지다.

조금 더 '개인적인 시간'을 늘릴 것. 자녀와 아내와도 좀 더 대화다운 대화를 나눌 것. 그것만으로도 마음의 건강과 몸의 건강은 안정된다.

이렇게 말하면 '하지만 일이 바빠서'라고 말할 사람도 분명히 있을 것이다. 그런 사람은 사실 게으름뱅이다. 자기 몸과 마음의 건강 관리를 소홀히 하며, 단란한 가정을 유지하기 위한 노력을 하지 않는 것이다.

완전한 휴식을 취하는 시간이 한 달에 하루 정도밖에 없을 만큼 바쁘게 살아오던 사람이 드디어 마음의 균형이 깨져 나의 병원을 찾아왔다. 나는 휴식을 취하라고 권했는데 '그럴 여유가 없다.'며 완강히 저항하기에 그렇다면 이번 일을 계기로 자동차 학원에 다니라고 권했다. 그랬더니 '그런 일이라면 할 수 있다'며 실제로 학원에 다닐 '여가'를 만들게 되었고 덕분에 면허도 취득할 수 있었다. 그것 때문에 일에 지장이 생기지는 않았다.

'시간의 운용'이란 사실은 즐거운 것이다.

실제로 바쁜 사람일수록 '지난 달 아내와 유럽 여행을 다녀왔습니다.', '일주일에 한 번, 판소리를 배우러 다닙니다.'라고 말하는 법이다. 바쁜 사람일수록 개인적인 시간을 즐기는 법이다. '어떻게 그런 시간을 만들어낼 수 있는가?'라고 생각할 사람이 있을지도 모르겠지만 그것도 생각하기 나름이다. 몸과 마음이 건강하다면 시간은 얼마든지 만들어낼 수 있다.

'바빠서 개인적인 시간은 없다.'는 말은 게으른 자들이 상투적으로 쓰는 말이다. 과연 좋아하는 이성이 데이트를 신청해 와도 역시 '바빠서'라며 거절을 할까? 마음만 먹는다면 얼마든지 '시간은 만들 수 있는 것'이다.

Work Life Balance

# 03 내 시간과 내 돈은 내가 결정한다

시간의 사용법까지도 남에게 맡기는 사람은 지갑 속의 만 원권을 남들이 마음대로 쓰도록 내버려두는 것과 같다.

'시간은 금이다.' 따라서 한시도 쉬지 말고 일을 해야 한다는 것이 옛어른들의 가르침이었다.

하지만 나는 여기서 또 다른 해석법을 제시하고 싶다.

시간이란, 지갑 속의 만 원권처럼 '자신의 것'이니 '사용법'은 스스로 결정하라, 고 말이다. 상사나 동료가 '결정'하게 내버려둬서는 안 된다.

퇴근시간이 되어 일을 마무리짓고 퇴근하고 싶지만 상사는 아직도 일을 계속하고 있다. 동료들도 바쁜 것처럼 보인다. 퇴근 준비를 하는 사람이 단 한사람도 없기에 쓸데없이 직장에 남아서 7시, 8시까지 야근한다. 이것은 지갑 속의 만 원권을 다른 사람에게 쓰게 하는 것과 같다.

'시간에 휘둘리는 사람'이란 자신의 시간을 다른 사람에게 사용하도록 하는 사람을 일컫는 것이다.

초등학생과 대학생의 차이점은 단순히 배우는 내용의 수준에만 있는 것이 아니다.

초등학생은 그저 선생님이 결정한 시간표에 따를 뿐이다. 하지만 대학생은 자신의 상황을 고려해서 스스로 강의 시간표를 결정한다. 화요일 오전에는 서클활동이 있으니 월요일에 강의를 좀 빡빡하게 듣자. 주말에는 데이트도 해야 하고 아르바이트도 해야 하고 무슨 일이 생길지도 모르니 여유 시간을 충분히 만들어두자, 라고.

일의 시간표를 상사에게 맡기는 직장인은, 조금 심하게 말하면, 초등학생 정도의 생각을 갖고 있는 사회인이다. 설령 자신의 돈이라 할지라도 초등학생은 스스로 판단하지 못하기 때문에 부모님과 상의하여 사용한다.

누군가에게 상의하지 못하면 '자신의 시간'을 사용하지 못하는 사회인도 흔히 볼 수 있다.

상사가 마음에 맞지 않는 일을 시키는 경우도 있을 것이다. 하고 싶지 않지만 해야 하는 일이다. 거래처의 요청을 거절할 수도 없는 일이다. 하지만 어떻게 시간을 분배해서 그것을 할까는 스스로 결정할 문제다. 승진을 위한 고과점수를 취득하기 위해서 시간표는 스스로 짜야 하는 법이다.

시간의 사용법까지도 남에게 맡기는 사람은 시간에 휘둘려 인생의 균형이 깨어지고 만다. 그것은 지갑 속의 만 원권을 남들이 마음대로 쓰도록 내버려두는 것과 같은 것이다.

그래도 태평하게 지낼 수 있는가?

# 04 하루 시간은 남의 것, 1년 후 시간은 내 것

정신없이 바쁜 나날을 보내면서도 마음속에는 항상 '장차 무엇이 되고 싶은지, 어떻게 하고 싶은지'에 대한 생각을 가지고 있어야 한다.

상사로부터 "내일까지 이것을 해놓게."라는 명령을 받으면 마음에 맞지 않는 일이라도 최선을 다해서 해야만 한다. 직장에서는 어쩔 수 없는 일이다.

하지만 1년 후, 2년 후, 3년 후의 자신은 어떤 모습이 되고 싶은가를 생각해서 그것을 실현하기 위한 준비를 하는 '시간'만은 상사 따위에게 빼앗겨서는 안 된다.

한 학교에서 다음과 같은 실험을 했다.

학생들에게 '희망 노트'를 적게 했다. 장래 어떻게 되고 싶은지, 어떤 일을 하고 싶은지, 어떤 사람이 되고 싶은지.

그런 꿈을 이루기 위해서 지금부터 수학을 열심히 공부해두겠다. 외국어를 공부해두겠다. 이런저런 것들의 예습, 복습을 철저히 해서 어머니에게 칭찬을 받겠다. 무슨 무슨 일을 철저히 해서 좋을 결과를 얻었을 때는 나 자신에 대한 보답으로 컴퓨터 게임을 2시간 하겠다…… 이렇게 희망과 그것을 실현하기 위한 구체적인 계획을 적는 습관을 들이게 했다.

중요한 것은 어른이 '언제까지 이렇게 해라.'라고 명령하는 것이 아니라 무슨 일이든 '자신의 의지'로 결정하게 하고 실행하게 하는 것이다.

그 결과 학습 의욕이 향상되어 시험 성적이 오른 학생들이 놀랄 정도로 늘었다고 한다. 확실한 목적의식을 갖게 된 결과라고 할 수 있을 것이다. 한 가지 더 잊어서는 안 될 것은 그 목적의식을 '스스로 생각했다'는 사실이다.

균형이 깨져버린 사람은 '눈앞의 일에만 집착'하려는 경향이 강하다. 그렇기 때문에 허둥지둥 시간에 쫓기고, 사람들에게 휘둘리고, 피곤에 지쳐서 자신을 잃게 되는 경우가 많다.

정신없는 나날을 보내면서도 마음속에는 항상 '장차 무엇이 되고 싶은지, 어떻게 하고 싶은지'에 대한 생각을 가지고 있어야 한다. 이런 말도 덧붙여두고 싶다. 하루 후의 시간까지는 남에게 빼앗겨도 상관없지만 1년 후의 시간은 남에게 빼앗기지 말라고.

그것이 힘찬 삶과도 연결된다. 하루하루 하고 있는 일에도 의미를 부여한다. '1년 후의 시간은 내 것으로 만들겠다'는 마음만 있으면 바쁜 생활 속에서도 자신을 잃지 않을 수 있다.

'강한 소망'을 갖는 것이 균형을 잃지 않고 살아가는 요령이다.

Work Life Balance

# 05 휴식과 집중력은 한 세트

'집중력이 있다'는 것은 '집중이 필요할 때 집중할 수 있다'는 것을 의미한다. 그러기 위해서는 쉴 때 충분히 쉬어야만 한다. '휴식'과 '집중력'은 한 세트이다.

'집중력이 있다'는 것은 '집중력을 유지한다'는 것과는 다르다. 오전 9시부터 오후 5시까지, 8시간 내내 한시도 쉬지 않고 집중해서 어떤 일에 몰두한다는 의미가 아니라는 것이다.

대체로 8시간 동안 쉬지 않고 한 가지 일에 집중한다는 것은 불가능한 얘기다. 대부분은 1시간, 그 정도일 것이다.

오전에 일에 몰두한 지 1시간 정도 지나면 그때부터 머릿속으로는 '점심에는 무엇을 먹을까?'와 같은 생각이 오락가락하기도 하고, 창밖의 화창한 햇살에 빠져들기도 하고, '이런 일 전부 때려치우고 밖에 나가서 여기저기 돌아다니다 왔으면 좋겠다.'는 유혹을 느끼기도 한다.

그럴 때는 눈 딱 감고 유혹에 넘어가버리는 것이 좋다.

집중력이 떨어지려고 할 때는 산책 등으로 기분을 전환한 다음 편안한 마음으로 다시 어떤 일에 집중하는 '페이스 조절'이 필요하다.

즉 '열심히 할 때'와 '충분히 쉴 때'의 균형을 생각하라는 것이다.

일과 휴식의 적절한 균형이 있어야만 '1시간 동안 집중'해서 충실한 시간을 보낼 수 있다. 이것을 무시하고 2시간, 3시간 계속해서 일을 해봐야 그다지 커다란 효과를 거둘 수 없다.

한 가지 일에 너무 매달리지 않는 것도 중요하다. 한 시간 정도 원고를 집필했다면 잠시 펜을 놓고 연락을 해야 할 사람들에게 한꺼번에 전화를 거는 시간을 갖는다. 그리고 근처 서점으로 가서 자료가 될 만한 책을 사가지고 집으로 돌아와 다시 원고 집필에 전념한다. 이것도 '페이스 조절'이다.

마감에 쫓기다보면 아무래도 '전화나 걸고 있을 여유 없다. 물건을 사러 외출하다니 있을 수 없는 일이다. 만사 제쳐놓고 원고, 원고.'라고 생각하기 쉬운데 그럴 때일수록 균형 있게 페이스를 잘 조절해서 일을 하는 편이 더 좋다.

'집중력이 있다'는 것은 '집중이 필요할 때 집중할 수 있다'는 것을 의미한다. 그러기 위해서는 쉴 때 충분히 쉬어야만 한다. '휴식'과 '집중력'은 한 세트라고 생각할 것.

'일과 생활의 균형'을 잘 맞추려면 쉴 때 쉬고, 집중력이 필요할 때 집중할 줄 알아야 한다.

Work Life Balance

# 06 고분고분한 여성은 뭔가 부족하다

때로는 고개를 저으며 자신의 생각을 솔직하게 말하라. 타인과 자신 모두를 소중하게 여길 줄 아는 균형 잡힌 여성이 매력적이다.

대부분의 남자들이 공통적으로 말하는 '귀여운 여성'이란, 틀림없이 '수긍을 해주는 여성'일 것이다. '나는 이렇게 생각해.'라고 말하면 '나도 동감이에요.'라고. '이렇게 하고 싶어.'라고 말하면 '나도 당신 뜻을 따르겠어요.'라고. 순종적이고 남자의 기를 살려주며 말을 잘 듣는 사람.

그런데 참으로 이상하고 알 수 없는 것이 남자의 마음이다.

안톤 체호프의 〈귀여운 여인〉이라는 단편소설이 있다.

주인공은 남자들의 말을 '그대로 옮기는 것'을 아주 잘하는 여성이다. 그런 재능 때문에 주위의 남자들로부터 귀엽다는 평을 얻고 있다. 처음 결혼한 남자는 연극 연출가였는데 그 사람 앞에서는 무대나 연기자에 관해 열심히 얘기한다.

그후 연출가 남편과는 사별, 목재상을 하는 남자와 재혼하는데 오로지 일에 대한 화제에만 정통한 여성이 된다. 옛날 친구들이, 한때 정열을 불태웠던 연극을 보러 가자고 해도 '그런 하찮은 일로 시간을 허비할 여유 없다.'며 간단히 거절한다.

그런 그녀에게 수의사 애인이 생겼다. 그 남자의 마음을 사로잡기 위해서 이번에도 남자의 일을 화제로 삼았는데 이번에는 남자에게 '알지도 못하면서 쓸데없는 소리하지 마.'라며 야단을 맞았다.

'그럼 저는 무슨 말을 하면 좋단 말이죠?'라고 여자는 말한다. 결국 그녀는 모든 남자에게서 버림을 받아 쓸쓸한 삶을 살아가게 된다는 얘기다.

모순되는 얘기처럼 들릴지 모르겠지만 '말을 맞춰주는' 순종적인 여성이 좋다고 말하면서도 이 이야기의 마지막에 등장하는 수의사처럼 '알지도 못하면서 쓸데없는 소리하지 마.'라며 화를 내는 것이 남자들의 마음이다.

순종적이기를 바라지만, 자신의 생각까지 죽여가면서 '네 알겠습니다.'라고 말하기는 바라지 않으며 억지로 말을 맞춰주기를 바라지도 않는 것이다.

때로는 고개를 옆으로 저으며 자신의 생각을 솔직하게 말하기 바란다. 그렇게 하는 여성이 귀엽다. 그것은 그 여성의 균형감각의 문제이다. 타인과 자신 모두를 소중하게 여길 줄 아는 균형 잡힌 여성이 가장 매력적이라는 얘기이다.

이 소설의 주인공처럼 '말을 맞춰주기'에 능숙한 여성은 많다. 그것도 나름대로 좋기는 하지만 맞춰주기만 할 뿐, 스스로는 '무슨 말을 하면 좋을지 모르겠다.'고 말한다면 역시 매력은 반감될 뿐이다.

Work Life Balance

# 07 순종적인 부하는 상사의 염두에 없다

단순한 예스맨이 되어서는 안 된다. 귀엽기만 한 인형이 되어서는 안 된다. 편리한 부속품과 같은 사람이 되지 말 것이다.

'귀여운 남자'도 마찬가지이다.

어떤 부탁이든 싫은 얼굴 한 번 짓지 않고 들어주는 남자. 어디든지 데려가주는 남자. 돈에 관한 일이라면 뭐든지 편의를 봐주는 씀씀이가 좋은 남자. 자동차로 데려다주고 데려오는 운전수 같은 남자. 갖고 싶은 것은 무엇이든 선물해 주는 요술 주머니 같은 남자. '이런 것까지 해줘?'라는 생각이 들 정도로 다정한 남자.

여성에게는 틀림없이 '귀여운 남자'로 보이겠지만 그런 남자를 진지하게 연애 대상으로, 결혼 상대로 생각이 될까?

분명히 그렇지 않을 것이다. 솔직하게 말하면 여성에게는 아무래도 상관없는 존재일지도 모른다. 여자들로부터 '귀엽다'는 말을 듣고 그것을 자랑스럽게 생각하는 남자를 보면 대체로 '너도 남자냐?' 하는 생각이 든다. 절대 질투심에서 하는 소리가 아니다.

회사에는 다음과 같은 '귀여운 남자'도 있다.

아무런 투정도 하지 않고 불평도 없이 순종적으로 따르는 부하이다. 상사의 체면을 살려주고, 나서지 않으며, 눈치가 빠르고, 궂은일까지도 도맡아 하는 부하. 상사에게 있어서 그런 부하는 틀림없이 '귀여운 남자'일 것이다.

하지만 임원 회의에서 '이번 신규 프로젝트의 스태프 중 한 명을 자네 부하 중에서 뽑고 싶은데 자네는 누가 적임이라고 생각하나? 능력 있는 사람을 한번 추천해보게.'라는 말을 들었을 때, 그 상사가 과연 '귀여운 남자'를 추천할까?

아마도 그렇지 않을 것이다. '귀여운 남자'의 존재는 상사의 머릿속에 들어 있지도 않을 것이다.

귀엽기는 하지만 아무래도 상관없는 존재. 귀엽기는 하지만 잊혀진 존재. 책임감 있는 일은 맡기지 않는 존재. '자네는 그쯤에서 왔다갔다하고 있으면 돼. 방해가 되지 않도록 말이야.'라고 여겨지는 존재. 이것이 '남에게 맞춰주기만 하는 사람'에 대한 평가다.

단순한 예스맨이 되어서는 안 된다. 귀엽기만 한 인형이 되어서는 안 된다. 편리한 부속품과 같은 사람이 되지 말 것.

좀더 과감한 행동을 해서 그것 때문에 삐걱거리고 조금은 문제가 생겨도 상관없다. 그래야만 상대방의 마음에 강하게 뿌리를 내릴 수 있는 것이다.

Work Life Balance

# 08 할 수 있느냐가 아닌, 하느냐 마느냐의 문제

도전하면 할 수 있고 한쪽을 포기하면 할 수 없는 일이 있다. 그것은 할 수 있느냐, 못하느냐의 문제가 아니라 하느냐, 마느냐의 문제인 것이다.

보람을 느끼는 일도 가지고 있고, 꿈도 있고, 희망도 있고, 충분한 수입도 있고, 재능도 있고, 능력도 있고, 주위 사람들로부터 기대도 받고 있으며, 물론 의욕에도 넘쳐나는 여성들 중에는 내심 커다란 불안을 느끼며 흔들리고 있는 여성들이 많다.

지금은 충실한 시간을 보내고 있지만 이대로 일을 계속해도 나는 정말 행복할 수 있을까? 10년 뒤, 20년 뒤를 생각한다면 역시 일을 버리고 결혼해서 평범한 여자로서의 행복을 추구하는 편이 좋지 않을까, 라며.

'일이냐, 여자로서의 행복이냐.'라는 것은 젊은 여성들이라면 모두 고민해본 적이 있는 문제이다. 어느 하나는 포기를 해야 한다. 그와 같은 양자택일적인 사고방식 속에서, 그야말로 자신의 일생을 건 최후의 선택을 해온 것이다.

내가 그녀들에게 하고 싶은 말은 일과 가정, 일과 여자로서의 행복을 균형 있게 양쪽 모두 실현시킬 수 있는 길을 선택해주기 바란다는 것이다. 그것도 마지막 순간까지 가서 선택을 할 것이 아니라 명쾌하게 선택해주기 바란다는 것이다.

'남자는 여자가 어떤 상황에 처해 있는지 잘 모른다. 여자에게는 그렇게 간단한 문제가 아니다.'라고 반론할 사람이 있을지도 모르겠다. 하지만 '여자의 행복은 가정을 지키는 것'이라고 생각하고, 일을 포기하고 결혼하여 어머니가 되었음에도 불구하고 어딘지 공허함을 느끼는 여성들도 상당히 많다.

디자이너인 모리 하나에 씨도 그런 여성 중 한 명이었다. 하지만 결혼해서 주부가 되고난 뒤부터 '뭔가 다른 것을 하고 싶다.'고 생각, 본격적으로 디자인을 배우면서도 가정을 잘 꾸려나갔고 패션계에서도 성공을 거뒀다.

'일과 여자로서의 행복은 양립할 수 없다.'고 생각하는 것은 많은 여성들의 착각이다. 물론 나름대로의 고통이 있겠지만, 그 괴로움을 뛰어넘을 각오를 갖고 있지 않은 사람은 하루하루 공허함이라는 괴로움을 평생 맛봐야 할 것이다.

어느 쪽이 좋은 것일까? 도전하면 할 수 있고 한쪽을 포기하면 할 수 없는 일이다. 그것은 할 수 있느냐, 못하느냐의 문제가 아니라 하느냐, 마느냐의 문제인 것이다.

실제로 사회에서 일하는 것과 아내로서의 역할, 어머니로서의 역할은 충분히 양립할 수 있는 것이라는 사실을 깨닫게 되었다고 말하는 여성들도 많다.

Work Life Balance

# 09 깨끗하게 포기하고 다음을 즐기자

노력해도 돌이킬 수 없는 상황이라는 것을 알면서도 지나치게 집착하는 경향이 있다. 특히 노력하는 여성일수록 그렇게 되기 쉽다.

난관에 부딪쳤을 때의 대처법을 보면 남자와 여자 사이에는 커다란 차이점이 있다.

'남자들은 의지가 없다. 야무지지 못하다. 약삭빠르다.'고 말하는 여성이 있다. 변명의 여지가 없다. 틀림없이 남자들에게는 그런 면이 있다.

가족과 함께 디즈니랜드에 가서 인기가 좋은 놀이기구 앞으로 가 봤더니 장사진, 무려 5시간이나 기다려야 한다.

그럴 경우 '멍청하게 이런 데서 몇 시간이나 서 있을 필요 있어? 다른 데 가서 맛있는 음식이나 먹고 집에 가자고.'라고 말하는 것은 대부분 남자다.

그리고 '무슨 소리야. 이왕 여기까지 왔으니 무슨 일이 있어도 타봐야지. 5시간쯤 못 기다릴 것도 없잖아.'라고 말하는 것은 대체로 여성들이다.

아이들을 봐도 남자아이는 아버지를 닮아서 따분하다는 표정을 짓는다. 여자아이들은 어머니 옆에 달라붙어서 5시간쯤 힘들 것 없다는 듯한 강한 의지를 보여준다.

직장에서도 마찬가지다. 아무리 노력해도 헛수고일 것 같다는 생각이 드는 상황에 직면하게 되면 남자는 의외로 빨리 포기해 버린다. 힘들다고 생각한 순간 바로 패배를 선언하고 백기를 들어올린다.

그런 남자들에게 여자들은 "그래 가지고 남자라고 할 수 있겠어? 남자라면 1%의 가능성이라도 있으면 끝까지 포기하지 말고 도전해야지. 쓰러질 때까지 최선을 다해서 노력했으면 좋겠어."라며 격려를 한다.

하지만 남자들이 그처럼 '의지가 없고, 야무지지 못하며, 약삭빠른 것'은 상처를 입더라도 심한 타격은 받지 않으려고 하는 '남자의 균형감각'이라고 할 수 있다. 그것을 한마디로 표현하면 '깨끗하게 포기하는 것'이라고 할 수 있을 것이다.

이런 점은 여성이 남자에게 배워도 좋을 듯하다. 여성은 어렵다는 것을 알면서도 돌진해 들어갔다가 다시 일어설 수 없을 정도의 결정타를 맞고 쓰러지는 상황에 빠지기 쉽기 때문이다.

노력해도 돌이킬 수 없는 상황이라는 것을 알면서도 지나치게 집착하는 경향이 있다. 특히 노력하는 여성일수록 그렇게 되기 쉽다.

깨끗하게 패배를 선언하고 다음 일을 시작하는 편이 좋은 결과를 얻는 경우가 많다.

# 10 나는 어떤 타입의 인간인가

균형이 깨져버렸다는 사실을 알았을 때는 이미 손을 쓸 수 없는 상황.
그렇게 되는 것을 막기 위해서라도 평소 자립심을 키워두어야 한다.

자신이 어떤 스타일의 인간인지 확실히 파악하여, 자신의 부족한 점을 보완해서 균형을 잘 잡아가는 것이 현명한 여성이다.

도쿄 가정대학의 나가사와 고시치 선생은 여성을 네 가지 타입으로 분류했다. 그것을 바탕으로 여성은 어떻게 균형을 잡아가면 좋을지에 대한 힌트를 얻을 수 있다.

- 모성형 … 기혼, 미혼에 상관없이 아이를 좋아한다.
- 애욕형 … 남자 없이는 살아갈 수 없는 타입.
- 이지형 … 지적인 것에 관심이 많다. 학문을 좋아하고 학력도 높다. 반면 따뜻함이 부족하고 동정심도 없다.
- 냉정형 … 모든 것을 자기중심적으로 생각한다. 타인에 대해서는 생각지 않는다. 타인의 괴로움에는 둔감하다. 언제나 냉정.

일반적인 관점으로 봐서 가장 여성적이며 사랑스러움을 갖추고 있는 타입은 '모성형'일 것이다. 상냥하고 싹싹하며 헌신적이어서 현모양처가 될 여성이다.

하지만 자신의 아이를 지나치게 사랑해 필요 이상으로 아이에게 매달리는 생활을 하게 된다. 아이가 어릴 때는 상관없지만, 사춘기가 되고 자립해서 부모로부터 떠나갈 무렵이 되면 삶의 보람을 잃고, 괴로움에 빠져 자신도 모르는 사이에 균형을 잃게 되는 수도 있다.

자기 나름대로의, 아니 자기만의 취미나 보람을 찾아서 아이가 없는 시간과 아이와 함께 있는 시간 사이의 균형을 잘 잡을 수 있도록 신경을 써야 한다.

'애욕형'은 멋을 아는 여성이다. 패션 감각도 뛰어나고 언행도 부드럽다. 화려하고 존재감도 있으며, 파티 같은 곳에서 인기를 얻는 스타일이다.

다만 어떤 일을 계기로 균형을 잃으면 자기 자신마저도 잃어 모든 것을 남자에게만 기대게 될지도 모른다. 그 남자에게 버림을 받았을 때는 완전히 균형을 잃게 되고 그 결과 자포자기의 행동을 할 수도 있다.

균형이 깨져버렸다는 사실을 알았을 때는 이미 손을 쓸 수 없는 상황. 그때는 이미 사고나 판단이 편협해져서 전혀 뜻밖의 일을 하게 될지도 모른다. 그렇게 되는 것을 막기 위해서라도 평소 자립심을 키워두어야 한다. 특기를 갖거나 자격증을 취득하거나 기술을 익혀 균형을 유지하는 방법도 있다.

Work Life Balance

# 11 자신과 사회와의 균형

열심히 일하는 것도 좋지만, 열심히 일한 뒤에는 마음에 여유를 줄 수 있는 시간을 갖는 것도 중요하다. 그러면 '마음의 치우침'은 조금씩 사라져갈 것이다.

요즘 늘어나고 있는 것이 '이지형' 여성일 것이다. 적극적으로 사회활동에 참가하여 남자들과 어깨를 나란히 하고, 때로는 남자 이상의 활약을 펼쳐 보이기도 하는 이른바 커리어 우먼들이다.

힘에 넘쳐나고 행동적, 활동적이고 활기에 넘쳐나며 리더로서의 능력도 높다. 하지만 주의해야 할 부분도 있다.

때로 여성은 남자 이상으로 현실적인 생각을 하거나 현실적인 판단을 하게 되는 경우가 있다. 그리고 남자 이상으로 경쟁심이 치열한 부분도 있다. 그것이 사람들에게 공격적이라는 인상을 심어주는 경우도 있다.

함께 있으면 숨이 막힐 것 같은 여자도 있다.

너무나도 경직된 의견만을 주장해서 '대화'가 통하지 않는 여성도 있다.

상대방에게 그런 긴장감을 심어주는 것은 마음의 균형이 깨졌다는 증거처럼 보인다. 자신의 의견을 관철시키기 위해서 철저하게 이

론으로 무장하는 것도 좋지만, 반면 상대방의 의견에도 귀를 기울이지 않으면 일은 원만하게 풀리지 않을 것이다.

타인에게 편안함을 줄 수 있는 여성이 되길 바라는데 그러기 위해서는 우선 자신의 마음을 편안하게 해줘야 한다.

열심히 일하는 것도 좋지만, 열심히 일한 뒤에는 마음에 여유를 줄 수 있는 시간을 갖는 것이 중요하다. 그런 시간을 마련하면 '마음의 치우침'은 조금씩 사라져갈 것이다. 언제나 긴장감이 감돌고 있으면 사람들이 접근해오지 않는다.

'냉정형'은 '이지형' 여성 중에서도 균형이 가장 한쪽으로 기울어버린 여성의 모습이다. 재능도 있고, 일도 열심히 하고, 사회에서 크게 활약도 하고 있는 여성들은 흔히 혼기를 놓치기 쉬운데, 일하는 독신 여성 중에서 종종 이런 스타일의 여성을 찾아볼 수 있다.

냉정하게 자신의 득실을 따지며 타인에 대한 관심이나 동정심은 희박하고 일부러 타인에게 상처를 주는 경우도 있다. 이렇게 말하면 좀 심하다고 생각할지도 모르겠지만, 상황에 따라서 주위 사람들의 눈에는 '비수를 꽂는 언동'으로 비치는 경우도 있을 것이다.

마흔 살이 넘어서까지 독신으로 살며 활동을 계속하고 있는 한 여자 배우는 자원봉사로 골수은행 광고활동을 하고 있다고 한다. 이는 일과 인생의 균형감각을 유지하는 아주 좋은 방법이다.

사회에 공헌할 수 있는 활동에 몸을 던져보는 것. 지역의 봉사활동이나 복지 활동에 참가해보는 것도 좋을 것이다. '자신과 사회'와의 균형을 생각해보는 것이 좋을 듯하다.

Work Life Balance

# 12 이기적인 사람이 행복하다

타인을 의식해서 망설이기만 하는 것을 '사람들에게 휘둘리는 것'이라고 생각하기 쉽지만 사실은 '자신에게 휘둘리고 있는 것'이다.

쉽게 결정을 내리지 못하고 우물쭈물하는 사람은 체면이나 타인의 시선을 지나치게 의식하는 경향이 많다.

- 옷 가게에 들어가서 이 옷이 좋을지, 저 옷이 좋을지 결정을 내리지 못한다.
- 영화관에서 이것도 보고 싶고 저것도 보고 싶다며 망설인다.
- 일을 할 때도 이쪽 회사와 거래를 해야 좋을지, 저쪽 회사와 거래를 해야 좋을지 판단을 하지 못한다.
- 여행 계획을 세울 때도 산으로 가야 할지, 바다로 가야 할지 결정을 내리지 못한다.

이처럼 특별히 사람들의 시선을 의식하지 않아도 될, 자신만의 일을 결정할 때마저도 타인의 시선을 의식해 우물쭈물 망설인다.

그러다가 누군가가 '빨리 결정해주세요.'라는 시선으로 바라보면

'이걸로 하겠습니다.'라며 당장에 결정을 해버리고 만다. 대체 무엇 때문에 고민을 했는지 도저히 알 수가 없다. 그렇게 결정했으면서도 '저걸로 하는 편이 좋았을까?'라는 마음을 버리지 못한다.

이런 사람일수록 '나는 늘 사람들에게 휘둘린다.'고 생각하는 경향이 있다. 그리고 '나는 늘 손해만 보는 성격이야. 언제나 바쁘게 움직이기만 했지 결국 남 좋은 일만 시키지.'라며 자신을 원망하기도 한다.

타인의 시선이나 속마음을 의식해서 망설이기만 하는 것을 '사람들에게 휘둘리는 것'이라고 생각하기 쉽지만 사실은 '자신에게 휘둘리고 있는 것'이다.

그런 사람들에게 하고 싶은 말은 '사람들의 시선' 같은 건 더 이상 의식하지 말라는 것이다. 타인의 시선보다는 '자신의 시선'을 단련해두길 바란다.

좀더 덧붙여 말하면 타인의 시선을 의식하지 말고 행동해보라. 그 결과 남들에게 폐를 끼쳐 '저렇게 이기적인 사람은 처음 본다.'는 비난을 받게 된다 할지라도 상관없다. 어차피 우물쭈물하고 있어도 비난은 받게 마련이니, 어차피 비난받을 바에야 자신이 원하는 대로 하면 더 좋지 않은가?

언제까지고 결단을 내리지 못하는 이유는 '타인에 대한 배려'와 '인간관계의 균형을 의식'하기 때문이다. 이제부터는 '타인을 배려하지 않고', '인간관계의 균형을 무너뜨릴 각오'를 하고 '나는 이렇게 하고 싶다.'고 말해보자.

자신이 하고 싶은 일을 최우선으로 삼는 방법이다. 틀림없이 문제도 발생할 것이고, 비난받을 때도 있겠지만 거기서 '배울 점'도 있을 것이다.

우리 주위에 보면 '결단이 빠른 사람'이 있다. 무엇이든 순식간에 결정해버리지만 나중에 생각해보면 의외로 '타인에 대한 배려'와 '인간관계의 균형'도 잘 조화를 이루고 있었다는 사실을 알게 된다. 그런 사람은 평소에 자신의 시선과 감각을 훈련시켜온 사람이라는 생각이 든다.

2장

# 세상과 타협하는 힘

Work
Life
Balance

Work Life Balance

# 13 느긋하게, 수월하게, 그리고 슬슬…

몸은 열심히 움직이면서도 마음만은 항상 '느긋하게 해나가자' 하는 정도의 가벼운 마음을 갖는 것이 정신적인 균형을 위해서 좋다.

텔레비전 드라마에 이런 장면이 나왔다. 젊은 여성이 지방에 있는 여행사의 지점에 채용되어 취직한다. 다소 실수를 저지르기도 하지만 애교와 활동력으로 점점 영업실적을 쌓아 단번에 회사 동료들에게도 인정받는 존재가 된다. 사람들에게 싹싹하게 대하기 때문에 고객들로부터도 좋은 평가를 얻는다.

도쿄의 본사에까지 그녀에 대한 소문이 퍼져 때때로 본사의 회의에 참석하게까지 되었다. 그리고 전무이사의 눈에 들어 본사 기획부로 이동한다. 기획부는 각 부서에서 발탁된 젊은 엘리트들이 모이는 곳이니 큰 영예가 아닐 수 없다.

정신과 의사의 나쁜 직업병이라고 비난 받을지도 모르겠지만, 드라마를 보면서 내 뇌리를 스쳐간 것은 '야, 이거 조금 위험한데.'라는 생각이었다.

이처럼 '지방에서의 활약을 인정받아 본사의 엘리트 코스로 이동'하는 영광스러운 경우는 실제로도 흔히 있는 일이다.

그것 때문에 노이로제나 우울증에 걸리는 사람이 적지 않은 것도 사실이다. 영광스러운 길처럼 보이지만 사실은 가시밭길이 되어버리는 것이다.

지방으로 좌천되어 마음의 병을 얻는 사람도 있지만, 그와 반대의 경우에도 사람은 정신적인 균형을 잃어버리기 쉬운 법이다.

엘리트 코스에 들어서게 되면 '좋았어, 어디 한번 해보자.'라고 의욕을 불태우게 된다. '20대에 과장이 되고, 30대 초에는 우리 회사 최연소 부장이 되어……'라며 자신의 미래에 커다란 기대감을 품게 될 것이다.

하지만 본사의 엘리트 집단 속에서 두각을 나타내기란 그리 쉬운 일이 아니다. 지방에서 열심히 했을 때와는 달리 웬만큼 열심히 해서는 상사에게 칭찬을 받기도 힘들다. 라이벌에게 져서 좌절감을 맛보게 되고…… 기대가 컸던 만큼 충격도 커서 정신과 치료를 받으러 오는 사람도 있다.

열심히 노력한다는 것은 중요한 일이다.

하지만 몸은 열심히 움직이면서도 마음만은 항상 '느긋하게 해나가자' 하는 정도의 가벼운 마음을 갖는 것이 정신적인 균형을 위해서는 좋다.

자신의 미래에 대한 기대감도 물론 중요하지만, 커다란 꿈을 갖고 있으면서도 한편으로는 '한걸음 한걸음씩 이뤄 나가자.'라는 마음을 갖는 것이 좋다. 그것이 정신의 균형을 유지하는 좋은 방법이다.

Work Life Balance

# 14 마음을 한 곳에 매어두지 않는다

일과 성공만이 유일한 인생의 목표라며 '한 가지'에만 몰두하다 보면, 아무래도 삶의 균형이 깨져버리고 만다.

미국의 정신과 의사인 프레드릭 플랙이라는 사람은 그의 저서 속에서 '우울증은 인생의 균형을 되찾기 위한 절호의 기회다.'라고 말했다.

우울증에 걸린 사람들을 보면 한쪽으로 치우친 인생을 살아온 사람들이 많다.

예를 들면 오로지 일을 위해서 가족을 희생해온 사람.

야심도 있고, 노력도 하고 있고, 일에 대한 책임감도 강해서 아침부터 밤까지 열심히 일해 온 사람.

가족을 위해서는 이렇다 할 활동을 전혀 해본 적이 없는 사람.

집안일, 자녀교육은 전부 아내에게 맡긴 채, 아이와는 대화다운 대화를 나눠본 기억조차도 없는 사람.

이런 사람들이 우울증에 걸리기 쉽다. 하지만 그것을 계기로 가족의 소중함을 깨닫고 일에서 가족들에게로 의식이 전환된다면 우울증에 걸린 것이 결코 무의미한 일만은 아닐 것이다. 일에만 치우쳐 있던 인생이 균형 있게 폭넓은 것으로 변해간다.

한 가지 일에만 열심히 하지 말고 여러 가지 일에 열심히 할 것을 권하는 이유도 거기에 있다.

'일과 성공만이 유일한 인생의 목표'라며 '한 가지'에만 몰두하다 보면, 아무래도 삶의 균형이 깨져버리고 만다. 일과 가족, 일과 개인적인 취미, 일 때문에 만나는 사람과 개인적인 친구들과의 만남…… 등 여러 가지 균형을 생각해서 열심히 노력하는 대상을 가능한 폭넓게 많이 가지고 있는 것이 좋다. 그것이야말로 '좋은 인생'을 만들어 갈 수 있는 가능성의 폭을 넓히는 일이다.

'몸은 하나밖에 없는데 그렇게 바쁘게 살아갈 수 있을까?'라고 생각하는 사람이 있을지도 모른다. 사람이란 하려고 마음만 먹으면 얼마든지 할 수 있다.

나만 해도 의사인 동시에 여행을 사랑하는 수필가들의 모임의 회원으로 활동하고 있으며, 술과 건강을 생각하는 모임, 노년의 삶의 보람 만들기를 추구하는 단체에도 얼굴을 내미는 등 여러 가지 모임이나 단체에 관여하고 있다.

틀림없이 바쁘기는 하지만 이것이 내 '정신 건강의 균형'에 공헌하고 있는 것도 사실이다. 한 가지 일에만 얽매여서 자신을 궁지로 몰아가지 않도록 해준다. 여러 가지 일에 관심을 두면 기분전환을 꾀할 수도 있다. 아내와 싸움을 해서 기분이 좋지 않을 때는 여행 친구나 술친구들이 있는 곳으로 가서 기분을 풀 수도 있다.

한 가지 일에만 매달렸다면 그렇게는 하지 못했을 것이다.

# 15 완벽을 추구하면 오래 지속하지 못한다

현실과 조화를 이룰 줄 아는 사람, 그것을 바탕으로 현실을 조금이라도 좋은 방향으로 바꿔갈 줄 아는 지혜와 생각을 가지고 있는 사람이 균형 잡힌 사람이다.

애인은 생기지만, 사귀기 시작하자마자 바로 헤어져버리는 사람들이 있다. 게다가 그런 일이 몇 번이나 되풀이된다. 결혼한 지 6개월도 지나지 않아서 이혼해버리는 사람들도 있다. 회사를 계속 옮겨 다니는 사람들도 있다. 대학을 졸업한 지 5년 만에 열 몇 군데의 회사를 돌아다녔다고 하는 사람도 있다. 한 회사에 6개월도 진득하지 붙어 있지 못하는 것이다.

이처럼 '오래 지속하지 못하는 사람'들에게서 공통적으로 찾아볼 수 있는 성격은 '완벽주의자'라는 점이다.

자신의 희망이나 꿈이 100% 실현되지 않으면 만족하지 못한다. 회사에 조금이라도 불만이 생기면 견딜 수가 없어서 '좀 더 좋은 곳으로 가자'고 생각한다. 그 사람은 '타협하기 싫다'는 생각에서 그렇게 하는 것인 듯하다.

이른바 모 아니면 도(all or nothing), '좋은 것은 좋은 것, 나쁜 것은 나쁜 것'이라고 생각하는 것이다. '그러는 편이 알기 쉽고 확실해서 좋다.'고 말하는 사람이 있을지도 모르겠다. 하지만 그처럼 위험한 것도 없다.

어떤 사람과 결혼을 했는데, 현실은 독신때 생각하던 꿈같은 생활과는 전혀 딴판이었다. 그렇다면 '어떻게 해야 좀 더 즐거운 결혼생활을 보낼 수 있을까'에 대해서 부부가 대화를 나누고 생각해보는 것이 올바른 대처법이다. 하지만 그럴 경우 완벽주의자는 '당신에게 속았다.'며 일방적으로 상대방에게 책임을 떠넘기고 '당신과는 헤어질 수밖에 없다.'는 결론을 내려버린다.

취직을 할 때도 마찬가지다. 희망에 넘쳐서 회사에 들어갔지만 거기서는 자신이 하고 싶었던 일을 전혀 할 수가 없다. 그렇다면 '어떻게 해야 주위 사람들을 설득해서 하고 싶은 일을 할 수 있게 될까'라고 지혜를 짜내서 기획을 세우고 상사나 부서 내 사람들을 설득하는 것이 옳은 방법일 것이다. 그런데 '이런 회사는 장래성이 없다'고 단정하고 '그만둘 수밖에 없다'고 생각해버리는 것이 완벽주의자들의 좋지 않은 버릇이다.

과장 책상 위에 사직서를 탁 내려놓으면서 '무슨 일이 있어도 타협하지 않겠다.'고 말하면 멋있어 보일지는 모르겠다. 하지만 자신은 되돌아보지 않고 일이 제대로 풀리지 않는 것은 전부 다른 사람 탓이라며 어딘가로 도망치려 하는 것이 완벽주의자, '모 아니면 도' 주의자들의 실태이다.

현실과 조화를 이룰 줄 아는 사람, 그것을 바탕으로 현실을 조금이라도 좋은 방향으로 바꿔갈 줄 아는 지혜와 생각을 가지고 있는 사람이 균형 잡힌 사람이다.

Work Life Balance

# 16 이 세상에 완벽한 것은 없다

현실적으로 '완벽하게 수행할 수 있는 일'이란 어디에도 존재하지 않는다.
그런 것을 추구하다보니 이런 사람은 보통 사람들보다도 힘을 많이 소진한다.

'오늘은 방을 번쩍번쩍 빛날 정도로 깨끗하게 청소해주겠어.'라며 자신만만하게 대청소를 시작한다.

하지만 벽에 묻은 조그만 자국이 아무리 해도 지워지지 않는다는 사실을 알게 된 순간부터 더 이상 열심히 청소해봐야 소용없을 것 같다는 생각이 든다. 유리창 닦기도, 바닥에 왁스칠을 하는 일도, 욕실 청소도 전부 내팽개치고 '그만둬야겠어. 이대로도 괜찮아.'라며 소파에 몸을 내던지는 사람.

누군가 사람을 만나러 갈 때는 공들여 화장을 하고, 입고 갈 옷을 고르는 데도 오랜 시간을 할애해 '완벽하다'는 생각이 들기 전에는 외출을 하지 않는 사람. 그날 마침 시간이 없어서 샤워를 하지 못해 몸에서 냄새가 나는 것 같으면 사람을 만나기가 싫어져 '급한 일이 생겼어, 미안해.'라는 등의 구실을 만들어 약속시간 직전에 약속을 취소해버리는 사람.

'그 일 제게 맡겨주십시오. 완벽하게 해내겠습니다.'라고 대답했지만 당초 자신이 생각하고 있던 대로는 되지 않을 것 같다는 사실을 알게 된 순간 의기소침해서 '다른 사람에게 시키면 안 되겠습니까?'라고 포기해버리는 사람.

모두 '완벽주의자'들이다.

무슨 일이든 완벽하지 않으면 성에 차지 않는다. 그런 생각이 강한 만큼 조금이라도 자신감이 없어지면 극단적일 만큼 의욕을 잃어버린다. '어차피 완벽하게 하지 못할 테니 할 필요 없어.'라는 생각이 들어 이후부터는 심드렁해진다.

'all or noting' 타입이라고 할 수도 있을 것이다. 전부 아니면 전무(全無), 좋은 것 아니면 나쁜 것, 멋진 것 아니면 멋 없는 것, 철저하게 할 것 아니면 아예 하지 말 것…… 등 무슨 일에나 양 극단만 있고 이른바 중간이라는 것이 없다. 적당히, 그럭저럭이라는 것이 없다. 80%의 완성을 얻을 수 있는 것은 '아무런 의미가 없는 것'이라고 생각한다.

바로 이것이 균형 감각이 좋지 않은 사람의 전형적인 예다.

현실적으로 '완벽하게 수행할 수 있는 일'이란 어디에도 존재하지 않는다. 그런 것을 추구하다보니 이런 사람은 보통 사람들보다도 힘을 많이 소진한다. 그러는 동안에 지쳐버려서 자신의 인생마저 '전혀 의미가 없는 것'이라고 생각해버리게 되는 경우도 있다. 우울증에 걸리는 사람들 중에는 이와 같은 완벽주의자들이 많다.

이상을 좀 더 낮춰보는 것은 어떨까?

Work Life Balance

# 17 적당주의자가 되어라

열심히 노력할 때의 상태와 의욕을 잃었을 때의 상태가 극과 극이다.
이런 성격을 가지고 있는 것도 완벽주의자라고 생각한다.

열심히 할 때는 그야말로 목숨을 건다. 하지만 일단 의욕을 잃게 되면 단번에 무너지고 의기소침해져버리는 사람이 있다. 양쪽의 편차가 너무 크기 때문에 자신이나 주위 사람들 모두 지쳐버린다.

예를 들면 다이어트 때문에 거식증에 걸리는 사람이 있다.

거식증이라는 것은 병이기 때문에 전문적인 지식을 가지고 있는 의사를 찾아가 진찰을 받고 적절한 치료를 받아야만 한다. 미국의 인기 가수 중에서 거식증에 걸려 목숨을 잃은 사람이 있을 정도로 무서운 병이기도 하다.

그 기준은 대체로 다음과 같다. 다이어트를 해서 표준 체중의 80%도 되지 않을 만큼 살을 뺐음에도 불구하고 '아직 더 살을 빼야 한다'는 생각에 다이어트를 그만두려 하지 않는다. 말랐음에도 불구하고 스스로는 '아직 뚱뚱하다'고 생각하고 있다. 그런 상태가 2개월, 3개월 계속되면 바로 병원으로 가야 한다.

어쨌든 비쩍 마를 때까지 열심히 다이어트를 계속하다가 더 이상 계속하면 건강한 생활이 어렵다, 다이어트를 그만둬야한다는 단계에까지 오면 완전히 의욕을 잃어버리는 사람들이 있다. 그렇게 되면 팽팽하던 긴장감이 단번에 풀어져 미련스러울 정도로 폭식, 아침부터 밤까지 끊임없이 먹어댄다. 특별히 운동도 하지 않는다. 그래서 이번에는 표준체중을 10kg, 20kg이나 넘어설 정도로 뚱뚱해졌는데도 먹기를 그만두려하지 않는다. 폭식증이다.

그리고 뚱뚱한 자신에 대한 자기혐오감 때문에 목구멍에 손가락을 넣어 먹은 것을 억지로 뱉어내 바싹 말라버린 사람도 있다. 거식증과 폭식증은 이처럼 번갈아가면서 나타나기도 한다.

열심히 노력할 때의 상태와 의욕을 잃었을 때의 상태가 극과 극이다. 적정한 체중을 균형 있게 유지해나가지 못한다.

이런 성격을 가지고 있는 것도 완벽주의자라고 생각한다. '아름다움'에 대한 완벽주의다. 아름다움을 위해서 거식증에 걸릴 정도로 열심히 다이어트를 하지만 그것에 실패를 하면 '이젠 나도 모르겠다. 될 대로 되라.'는 자포자기에 빠져버린다. all or noting의 사고습관 때문이다.

이런 사고 습관에서 어떻게 벗어나면 좋을지, 뒤에서 소개하도록 하겠다.

Work Life Balance

# 18 이상과 현실 사이의 타협점

대부분의 사람들은 어떤 불만을 품고 있으면서도, 입사 당시의 의욕을 상실했음에도 그럭저럭 타협해가면서 회사의 일원으로 융화되어간다.

이제 막 사회에 발을 들여놓은 사람들이 곧잘 걸리는 마음의 병 중에 '5월 병'이라는 것이 있다.

입사 당시는 의욕에 넘쳐서 다른 사람보다 먼저 출근하고, 상사가 이름을 부르면 씩씩하게 '네!'하고 큰소리로 대답한다. 그런데 어떻게 된 일인지 5월 연휴쯤부터는 밤에 잠을 자지 못하고 아침에는 일어나지 못하고, 그 따위 회사에는 가고 싶지 않다, 의욕이 없다, 식욕도 없고, 아무것도 하기 싫다……며, 이른바 우울증 상태에 빠져버린다.

이런 사람들도 거식과 폭식을 되풀이하는 사람과 비슷한 면이 있다.

의욕에 넘쳐나고 있을 때의 상태와 의욕을 상실했을 때의 상태의 차이가 너무 커서 적정한 의욕의 균형을 유지하지 못한다. all or noting 타입이라고 할 수 있다.

의욕을 상실하게 되는 데는 그 사람 나름대로의 원인이 있을 것이다.

회사의 분위기에 적응하지 못한다, 직속 상관과 궁합이 맞지 않는다, 생각했던 것보다 월급이 적다, 생각했던 것보다 업무가 고되다…… 등등.

하지만 대부분의 사람들은 어떤 불만을 품고 있으면서도, 입사 당시의 의욕을 상실했음에도 그럭저럭 타협해가면서 회사의 일원으로 융화되어간다. 아침에 일어나지 못하거나 출근할 수 없는 상황까지는 가지 않는 법이다.

그런 사람들에게 중요한 것은, 우선은 '불만이 있다', '고통이 있다'는 사실에 적응을 하고 '그래도 괜찮다'는 삶의 방식을 익히는 것이다.

예를 들자면 뚱뚱해도 친구들과 즐거운 시간은 보낼 수 있다. 애인도 만들 수 있고 '상당히 즐거운 삶'을 살아갈 수 있다. '뚱뚱하다 = 우울한 인생'이 결코 아니라는 사실을 깨달아야 한다.

그러기 위해서는 틀림없이 '인내'가 필요하기는 하지만 그것은 '견디기 힘든 인내'를 요구하는 것이 아니라 '조그만' 인내를 필요로 한다. 조그만 인내로 새로운 세상이 펼쳐지게 된다.

조금만 인내하면 일의 재미도 알게 된다. 직장 사람들과 인간적으로 좀 더 깊이 사귀게 되면 새로운 보람이 다시 생겨나게 된다.

마음에 들지 않는다 해도 우선은 행동해볼 것. 노력해볼 것. 계속해볼 것. '회사에 정이 가지 않는다 = 이직하자'라고 단숨에 단정지어서는 안 된다.

Work Life Balance

# 19 직함 없이 자유롭게 살아가기

지나치게 직함에 집착하는 사람은 인생의 균형을 잃은 것이다.
그러한 사람들은 '인생의 즐거움'을 반밖에 모르는 사람들이다.

얼마 전까지만 해도 어딘지 자신 없어 보이던 사람이었는데 과장이라는 직함을 단 순간부터 거드름을 피우며 거만하게 행동하는 사람.

아직 임원의 자리에 오르지도 못했으면서 "어제 사장님이 불러서, 자네에게 크게 기대를 걸고 있네. 전무 자리를 비워놓고 기다릴 테니 더욱 노력해주기 바라네, 라고 격려를 해주더라고. 전무라고, 전무. 놀랐다니까."라며 희열의 경지에 이른 사람.

"입사한 지도 벌써 20년이 지났어. 동기들은 전부 부장 이상의 직함을 달고 있다고. 이제 나한테도 부장 자리가 돌아올 때가 됐는데." 라며 은근히 호소하는 사람.

그런 사람들은 '직함 인간'일 가능성이 매우 높다.

정년퇴직했으면서도 직함 인간에서 벗어나지 못한 사람들도 있다.

모임에서 걸핏하면 "나는 ㅇㅇ회사에 부장으로 있었어. 내 명령 하나로 3백 명이나 되는 부하들이 움직였는데……"라고 말하며 얼굴에 웃음을 머금고 있는 사람.

정년퇴직 후, 계약직으로 회사에 남게 되어 일부러 큰소리로 "거래처에서 보낸 연하장이 반으로 줄었어. 역시 부장이라는 직함을 잃었기 때문일까?"라고 한탄하듯 자랑하는 사람.

'직함'이란 것을 아주 무시할 수는 없다. 과장이나 부장이라는 직함을 받으면 기뻐하는 것이 인간의 솔직한 기분인 것임에는 틀림없다. 또한 '언젠가는 사람들에게 사장이라고 불릴 수 있는 자리에 반드시 오르겠다'는 희망을 품는 것은 일에 대한 보람이 될 수도 있다. 삶의 의욕을 북돋워주기도 한다.

하지만 지나치게 직함에 집착하는 사람은 인생의 균형을 잃은 것이다. 틀림없이 취미가 없는 사람일 것이다. 일과 관계된 친구 이외에는 단 한 명의 친구도 없을 것이다.

가족들도 그를 외면하고 있다.

그러한 사람들은 '인생의 즐거움'을 반밖에 모르는 사람들이다.

직함 없이도 즐길 수 있는 일은 있는가? 삶의 보람으로 삼을 만한 것은 있는가? 그것을 만들면 균형있는 삶을 살 수가 있다.

Work Life Balance

# 20 밖에선 좋은 사람, 집에선 나쁜 사람

밖에서 함께 즐기고 있는 사람들보다 집안에서 괴로워하고 있는 사람들이 당신에게는 훨씬 더 소중한 사람들이다. 그들은 가족이다.

좋은 사람, 다정한 사람, 자신의 일보다도 남을 먼저 생각하는 사람, 타인의 부탁은 무엇이든 들어주는 사람…… 직장에서는 틀림없이 좋은 평을 얻고 있을 것이다. 하지만 안타깝게도 균형감각 있는 사람이라고는 말할 수 없다.

언제나 친절하게 웃고 있어서 아무런 불만도 고민도 없는 사람처럼 보이지만 속내는 그와 정반대다. 초조함과 울분이 쌓이고 쌓여서 당장이라도 폭발할 것만 같다.

남들에게 좋은 사람으로 보인다는 건 피곤한 일이다. 사람들에게 신경을 써야 하고, 하고 싶지 않은 일도 해야만 한다. 귀찮은 일도 웃음으로 받아들여야 하며, 매일 사람들에게 휘둘린다. 그에 비해서 평가는 낮고 그다지 고마워하지도 않는다. 저절로 스트레스가 쌓인다.

그런데 쌓인 스트레스에는 분출구가 필요하기 때문에 '좋은 사람'은 대부분 집에서 큰소리를 친다.

밖에서는 좋은 사람이지만 집에 돌아가면 '나쁜 사람'이 된다.

난폭한 말로 가족들을 들들 볶는다. 좋은 사람으로 통하는 남편이 그런 식으로 아내를 마구 부려먹는 경우도 있으며, 좋은 사람으로 알려진 30대 독신여성이 어머니를 그런 식으로 부려먹는 경우도 실제로 있다.

'왜 저런 식으로 말하는 걸까.' 싶을 정도로 불쾌감을 주는 말을 아무렇지도 않게 해서 가족들에게 상처를 준다. 뭐든 제 하고 싶은 대로이다. 형제들에게도 곤란한 일을 억지로 떠넘긴다.

밖에서는 '좋은 사람', 집에서는 '나쁜 사람'이다. 타인에게는 '좋은 사람', 가족에게는 '나쁜 사람'이다. 밖에서 쌓인 스트레스를 풀기 위해서 가족들에게 화풀이한다.

모든 것이 그 사람의 마음의 균형을 잡는 방법이 옳지 않기 때문이다.

가족들은 힘들다. 이와 같은 가족의 난폭함을 견디지 못하고 정신과 치료를 받으러 오는 사람도 있다.

억지로 '좋은 사람'이 될 필요는 없다.

'좋은 사람'이 되기를 그만두면 된다.

좋은 사람이 되기 위해서 어떤 특정한 사람들을 괴롭히고 있다는 사실을 무엇보다도 먼저 깨달아야 한다. 밖에서 함께 즐기고 있는 사람들보다 집안에서 괴로워하고 있는 사람들이 당신에게는 훨씬 더 소중한 사람들이다. 그들은 가족이다.

Work Life Balance

# 21 높이 오를수록 추락도 크다

높이 올라갈수록 그 추락도 더욱 커지기 쉽다. 인생이 잘 풀릴 때는 항상 긴장을 잃지 말고 반대쪽으로 돌아갔을 때의 충격도 상상해둘 것이다.

예전, 매스컴에서 요란스럽게 떠들어댔던 호텔가에서 젊은 여성이 살해당한 사건이 있었다. 돈을 받고 몸을 파는 일을 하고 있었던 듯했는데 그 여성에게는 또 하나의 얼굴이 있었다.

한 일류 기업의 성실한 사원, 그것도 장래가 촉망되는 커리어우먼이었다.

무엇보다도 확실하게 말할 수 있는 것은 '돈이 필요해서' 한 일이 아니라는 사실이다. 월급은 남들만큼, 아니 남들보다 더 받았었다.

낭비벽이 있는 사람도 아닌 듯했다. 검소하고 얌전한 여성이었다고 한다.

'그런 여성이 왜?' 라는 문제로 당시 세상을 떠들썩하게 했었다.

단정지어 말할 수는 없지만 이것도 '마음의 문제'일 것이다.

유망한 커리어우먼, 성실한 여성, 엘리트 사원…… 이런 역할을 연기하는 것에 지쳐서 그 결과 '밤의 얼굴'을 갖게 되었던 것이 아닐까 생각된다. '밤의 얼굴'을 갖고 있을 때의 마음속에는 완전히 해방

된 자유가 솟아올랐을 것이라고 생각된다.

그 사람은 나름대로 '낮의 얼굴'과 '밤의 얼굴'을 달리함으로써 정신적인 균형을 취하려 했던 것이다.

그렇게 단순하게 말할 수 있는 문제는 아닐지 몰라도 너무나 위험한 영역에까지 발을 들여놓아 버렸다.

사람에게는 오뚝이 같은 성향이 있다. 오른쪽으로 기울이면 왼쪽으로 흔들린다. 오른쪽으로 힘껏 기울이면 이번에는 그만큼 크게 왼쪽으로 기울어진다. 하지만 너무 크게 흔들면 균형을 잃어 쓰러지고 만다.

사람들의 기대에 부응하고 싶다, 보다 좋은 성과를 올려 사람들에게 칭찬받고 싶다, 좋은 사람으로 기억되고 싶다…… 등과 같은 것에 너무 필사적으로 매달려서는 안 된다.

그에 대한 반동이 무섭다. 다이어트와 마찬가지로 노력해서 성과를 얻은 후에는 더 큰 요요현상을 겪게 된다. 그 크기에 따라서는 오뚝이의 균형 범위를 뛰어넘어 버리는 경우도 있다.

인생이 잘 풀리고 높이 올라갈수록 그 '추락'도 더욱 커지기 쉬운 법이다. 인생이 잘 풀릴 때는 항상 긴장을 잃지 말고 반대쪽으로 돌아갔을 때의 흔들림의 크기도 상상해둘 것. 그것이 인생의 균형과 연결된다.

Work Life Balance

# 22 거절도 기술이다

직장에서의 인간관계를 안정시키는 데 중요한 것은 무엇보다도 '거절하는 기술'을 익히는 것이다.

'좋은 사람이기를 그만두자'고 했지만 좋은 사람이 '좋은 사람'에서 벗어나는 것은 그렇게 말처럼 쉬운 일이 아니다. 상당한 용기를 필요로 한다.

좋은 사람을 연기해왔기 때문에 지금의 직장에서 나름대로의 자리까지 올 수 있었다. 나름대로 주위 사람들에게 인정을 받아왔다. 주위 사람들과 별다른 문제없이 원만하게 지내왔다.

그런데 좋은 사람이기를 그만두면, 그 순간부터 미움을 받게 되고, 소원해지고, 험담을 듣게 되고, 따돌림을 당하게 되는 사태에 처하게 되지는 않을까……라는 등의 공포감을 극복하기 위해서는 용기가 필요하다.

'내일부터 당장'이라고 하지는 않겠다. 조금씩 '좋은 사람'이기를 그만두고 좀 더 균형 잡힌 활동을 하는 편이 더욱 좋은 결과를 낼 수 있을 것이다.

좋은 사람이 가족들을 괴롭힘으로써 쌓인 스트레스를 풀려고 하는 경향이 있다는 것을 앞에서도 말한 바 있다.

하지만 그것으로 스트레스가 풀리는 경우는 아주 드물다. 반대로 초조함과 울분이 더욱 강해져 마음의 균형이 크게 무너진 탓에 정신과 환자가 되는 경우도 많다. 가족들도 괴롭고 본인도 이상해져버리는 것이니 가족붕괴의 비극이 시작된다.

직장에서의 인간관계를 안정시키는 데 중요한 것은 무엇보다도 '거절하는 기술'을 익히는 것이다.

하지도 못할 일을 '할 수 있습니다.'라며 쉽게 받아들여 자기 능력 이상의 일을 산더미처럼 끌어안고 있다가 결국에는 대혼란에 빠져버리는 것은 '좋은 사람'에게서 흔히 찾아볼 수 있는 일이다.

열 개의 부탁 중 하나라도 좋다. '그건 좀 힘들다.'고 생각되는 일은 거절해볼 것. 그리고 둘, 셋, 점점 늘려가면 된다. 인간관계의 균형을 유지하려면 열 개의 부탁 중 절반 정도는 거절하는 것이 좋을 듯하다.

만약 자기 능력 이상의 부탁을 받아들였다가 이러지도 저러지도 못하는 위기에 빠졌다면 "죄송합니다. 제 혼자 힘으로는 아무래도 안 되겠습니다.. 도와주십시오."라고 주위 사람들에게 도움을 청하는 것도 마음의 균형을 유지하는 데 중요한 요소가 된다.

Work Life Balance

# 23 싫은 사람과의 교제로 인내심을 기른다

'내성(tolerance)'이란 생각대로 일이 풀리지 않아도 그것에 견디는 마음의 힘을 말한다. 내성은 사람들과의 사귐 속에서 길러지는 것이다.

열 받는다, 돌아버리겠다……는 등의 말은 요즘 사람들의 '마음의 상태'를 나타내고 있는 것처럼 보인다.

왜 그렇게 '마음'이 극단적인 방향으로 치닫는 것일까? 왜 제어를 하지 못하는 것일까?

평소 주위 사람들에게 그런 인상을 전혀 주지 않다가 갑자기 심하게 화를 내는 사람들이 있다. 조용하고 얌전하며 내성적인 사람이 아주 사소한 일로 갑자기 화를 내는 것이다.

신문이나 텔레비전 등을 통해 세상을 떠들썩하게 한 사건을 저지른 사람을 봐도 대부분은 그런 타입의 사람이다. 그렇게 조용하던 사람이 왜 갑자기…….

하지만 결코 '갑자기'가 아니다. 무엇보다도 '조용하고, 얌전하며, 내성적'이라는 데 문제가 있다.

그런 사람들은 틀림없이 사람들과 어울리는 시간이 그다지 많지 않을 것이다. 직장이나 학교에서는 고립되기 십상이며 언제나 사람들과 떨어져서 혼자 있는 '고독한 사람'이다. 고독만큼 마음의 균형을 흩트리며 생각을 극단으로 치닫게 하는 것도 없다.

내가 알고 있던 사람도 평소에는 괴테나 모파상의 책을 늘 들고 다니며 읽을 정도로 조용한 사람이었는데 주차장에서 사소한 문제로 다른 차 운전사와 격렬한 기세로 말다툼을 벌이는 것을 보았다. 말리러 온 주차장 관리인에게까지 대드는 등 완전히 딴사람처럼 변한 것을 본 적이 있다. 이렇게 되면 어떻게 손을 써볼 수가 없다.

정신과에서는 '내성(tolerance)'이라고 부른다. 생각대로 일이 풀리지 않아도 그것에 견디는 마음의 힘을 말하는 것인데, 내성은 사람들과의 사귐 속에서 길러지는 것이다.

세상에는 억지라는 것을 알면서도 어려운 일을 남에게 떠넘기는 사람, 제멋대로 구는 사람, 자기밖에 모르는 이기주의자, 고집쟁이…… 등 여러 종류의 사람들이 있다.

우리는 그런 사람들과 충돌하면서 조금씩 인간관계의 '인내력'을 키워가게 되는 것이다. 그러니 '조용하고, 얌전하며, 내성적'인 자신을 바꿔 좀 더 많은 사람들과 사귈 기회를 만들어나가지 않으면 안 된다. 그렇게 하지 않으면 쉽게 화를 내는 성격, 쉽게 흥분하는 성격은 고쳐지지 않는다.

# 3장

# 고락苦樂의 균형

Work
Life
Balance

Work Life Balance

# 24 괴로움과 즐거움의 양은 똑같다

사람의 일생은 '괴로운 일'과 '즐거운 일'이 적절하게 균형을 이루고 있다.
우리 인생을 정리해보면 '괴로운 일'에서 '즐거운 일'을 빼면 정확히 0이 된다.

인생은 즐거운 일이 많을수록 좋지만 그렇다고 해서 즐거운 일만 있어서도 안 된다. 단 음식만 먹으면 단 음식에 싫증이 나는 것과 마찬가지로 즐거운 일만 계속되면 살아가는 것 자체에 싫증이 나서 인생이 따분해지기 때문이다.

자극이 없는 나날은 빈둥빈둥 시간을 보내는 삶을 살게 만든다.

'좋은 삶'을 살아가기 위해서는 괴로운 일도 일어나는 편이 좋다. 허리가 꼿꼿하게 펴진다. "이 정도 일에 질 수는 없지.", "좋아, 꼭 해내겠어."라며 긴장감이나 의욕 같은 것이 솟아오른다. 그리고 괴로움을 극복했을 때 맛볼 수 있는 성취감은 더 한층 만족감을 준다.

스트레스학의 대가인 한스 젤리에도 '스트레스가 없으면 인간은 나약한 존재가 되고만다. 적절한 스트레스가 인간을 강하게 만든다.'고 말했다. 스트레스가 지나치게 많은 것도 문제지만 적당한 스트레스는 오히려 인생에 긍정적으로 작용한다.

생각해보면 사람의 일생은 '괴로운 일'과 '즐거운 일'이 적절하게 균형을 이루고 있어, '괴로운 일'에서 '즐거운 일'을 빼면 정확히 0이 된다, 라고 생각하는 편이 옳다. 그렇기 때문에 평소 안심하고 살아갈 수도 있으며, 사소한 일에 일일이 고민하지도 않게도 되는 것일지도 모르겠다.

만약 지금 어떤 괴로운 일이 있어서 곧 쓰러질 것 같은 사람이 있다면, 그것은 잠시 '앞이 잘 안 보이기' 때문일 뿐이다. 그렇기에 '극단적인 생각'으로는 치닫지 않아야 한다. '나는 틀렸다.'며 절망에 빠지거나, '더 이상 몸부림 쳐봐야 소용없는 일이다.'라며 포기하거나, 자포자기하여 주위 사람들에게 막가는 행동을 하는 등의 섣부른 짓은 하지 말아야 한다.

작가인 엔도 슈사쿠(遠藤周作) 씨는 '고락(苦樂)'이 좋다고 말했다. '고'는 괴로운 일, '락'은 즐거운 일이다.

괴로운 만큼 즐거운 일도 있는 법이다. 조금만 참고 있으면 반드시 밝은 내일이 열릴 것이다. 엔도 씨는 스스로가 '종합병원'이라고 부를 만큼 병을 달고 다니는 사람이었지만 절망하지 않고 언제나 긍정적으로 살 수 있었던 것은 '고락'의 균형감각을 잃지 않았기 때문이라고 생각한다.

Work Life Balance

# 25 마음이 약해지면 부정적인 정보만을 믿는다

육체적으로 괴로울 때뿐만 아니라 정신적으로 괴로울 때도,
의식적으로 자신을 긍정적인 정보 쪽으로 이끄는 것이 좋다.

누구라도 병에 걸리면 부정적인 정보에만 마음을 빼앗기게 된다.

의사가 "괜찮습니다. 곧 좋아질 거예요."라고 말해도 '의사 선생님이 좋아질 거라고 말하기는 했지만 어딘지 석연찮은 표정이었단 말이야. 나하고 눈을 마주치려 하지도 않았어. 사실은 심각한 병이 아닐까? 틀림없이 그럴 거야.'라며 의심을 하게 된다. 이는 정신적인 균형이 깨졌기 때문이다.

건강한 사람은 부정적인 정보를 포착했다 하더라도 긍정적인 정보와 비교를 해서 어느 쪽이 신빙성이 있는 정보인지를 객관적으로 판단할 수 있다.

실제로 환자 옆에 있는 사람은 '의사 선생님께서 저렇게 장담을 하시니 정말 잘됐다. 걱정할 거 없어.'라며 편견 없는 판단을 내릴 수 있다. 하지만 환자는 '이 사람까지 거짓말을 해서 나를 속이려 든다.'고 의심의 눈길을 보내게 된다.

이것은 특별히 '병'에만 한정된 얘기가 아니다. 인간관계가 원만

하지 못할 때, 누군가와 언쟁을 벌였다가 호되게 당했을 때, 좌절에 빠졌을 때, 불행한 일을 당했을 때, 일이 뜻대로 풀리지 않았을 때…… 이처럼 괴로운 상황에 빠졌을 때, 우리의 마음은 자연스럽게 부정적인 정보 쪽으로 기울게 된다.

육체적으로 괴로울 때뿐만 아니라 정신적으로 괴로울 때도, 될 수 있으면 의식적으로 자신을 긍정적인 정보 쪽으로 이끄는 것이 좋다.

'이것도 좋은 경험이다.', '나쁜 일이 있으면 좋은 일도 있는 법. 이번에 좋지 않은 일이 일어났으니 다음에는 좋은 일이 일어날 차례다.', '인생을 되돌아볼 좋은 기회다.'라고 생각한다.

인생이란 것은 나쁜 쪽으로 생각하면 점점 나쁜 쪽으로 기울어간다. 하지만 좋은 쪽으로 생각하면 좋은 쪽으로 방향을 전환하기도 한다.

이것이 '고락'이라는 것이다. 현실이 괴로운 상황에 있기 때문에 마음만은 낙관적이고 즐거운 쪽으로 가져가는 것이다. 그렇게 해서 '극단으로 치달으려는 자신'에게 제동을 거는 것이다.

엔도 씨는 고리암(狐狸庵) 선생이라는 또 다른 필명으로 유쾌한 에세이도 여러 편 썼다. 몸은 비록 병치레가 잦았지만 아마추어 극단의 단장을 맡기도 하고, 합창단을 지휘하기도 하고, 댄스를 배우기도 하는 등 다양한 취미를 가진 사람이었다.

엔도 씨 나름대로의 '고락'의 균형을 잡는 방법이었을 것이라고 생각한다.

Work Life Balance

# 26 당당하게 게으름을 피우자

마음을 거스르지 말라. 게으름을 피우고 싶다면 게으름을 피워도 좋다.
울고 싶다면 울면 된다. 그렇게 해서 마음의 균형을 유지하는 것이다.

몇 년 전에 전립선 비대로 입원을 한 적이 있었다. 그때 조용히 휴식을 취했으면 좋았을 것을 혼이 덜 났다고 해야 할지, 끈질기다고 해야 할지, 나는 병원 침대에까지 원고를 가지고 들어가 어떻게든 마감 날짜에 맞춰보려 노력했다.

그래서 어떻게 됐을까? 한마디로 완전히 헛수고였다. 병원 침대에서는 원고를 절대로 쓸 수 없었다. 아이디어는 전혀 떠오르지 않고, 좋은 글을 쓰려 해도 도저히 불가능하다. 출판사에 '입원을 하면 시간은 얼마든지 있을 테니 원고는 틀림없이 넘기겠습니다.'라고 여유만만하게 대답했던 나의 어리석음에 화가 치밀어올랐다.

이 일로 한 가지 교훈을 얻었다. 병에 걸린다는 것은 사람이 태어날 때부터 가지고 있던 본능이 '당신, 너무 무리를 하고 있으니까 잠깐 쉬도록 해.'라고 신호를 보내는 것이라는 사실이다. 그러니까 본능에 따라서 아무 일도 하지 말고 가만히 있어야 하는 것이다. 병실에서 일을 하겠다는 불손한 생각은 애초부터 하지 말았어야 했다.

이것은 '마음의 병'일 경우에도 마찬가지다.

사람이 우울증과 같은 마음의 병에 걸렸다는 것은 본능이 '당신, 더 이상 고민해봐야 아무런 도움도 되지 않아요. 더 이상 고민으로 당신 자신을 괴롭히지 마세요.'라고 말하고 있는 것이다.

너무 열심히 일해서 피곤할 때는 게으름을 피우고 싶어진다.

일 때문에 만나는 사람과의 관계에 지쳤을 때는 사람들을 만나고 싶지 않아진다.

억지로 참고 참으면 가슴속이 꽉 막힌 것처럼 답답하고 이유 없이 울고 싶어진다.

심각한 얼굴을 맞대고 토의를 하고 난 뒤에는 우스운 얘기라도 하고 싶어진다.

열심히 일한 뒤에는 술 한잔 마시고 싶어진다.

이와 같은 마음의 현상은 정신적인 균형을 잡으려고 하는 자연스런 본능의 작용이다.

그런 마음을 거슬러서는 안 된다. 게으름을 피우고 싶다면 게으름을 피워도 좋다. 울고 싶다면 울면 된다. 그렇게 해서 마음의 균형을 유지하는 것이다.

'아니, 좀 더 힘을 내야지.'라며 마음을 다잡거나 '눈물만은 절대로 보일 수 없어.'라며 억지로 참는 사람일수록 정신의 균형이 무너져서 '마음의 병'에 점점 다가가게 된다.

Work Life Balance

# 27 헛수고로 끝난 일도 언젠가 도움이 된다

'인생 뜻대로는 되지 않는다'고 생각되는 순간이 찾아오면 바로 좌절이나 실패라고 생각해버리기 쉽다. 하지만 긴 안목으로 보면 그것은 결코 좌절이 아니다.

어느 사람의 인생도 '생각한 대로는 되지 않는 법'이다. 젊은이는 그런 것을 고려해서 인생설계를 세워야 한다. '생각한 대로 된다.'고 생각하면 장애물을 만날 때마다 초조함을 느낄 테고, 그 초조함이 인생에 부정적으로 작용한다.

원래부터 우리 집안에는 조금 특이한 인물들이 많은데 지금 생각해보면 나도 틀림없이 그 피를 이어받았다. 대학에 진학할 때 어떤 학부에 갈지를 결정해야 하는 순간이 왔다. 할아버지, 아버지 모두 정신과 의사이고, 나는 장남이었기 때문에 주위 사람들은 당연히 나도 정신과 의사의 길을 갈 것이라고 생각하고 있었다. 하지만 내가 진학하기로 결심한 곳은 메이지(明治) 대학 문학부였다. 나는 문학가나 소설가가 되고 싶었다.

메이지 대학에서의 4년간 나는 문학청년으로서 청춘을 마음껏 누렸다. 그런데 졸업논문을 쓸 때가 되어서야 '이건 아니다.'라는 생각이 점점 강해지기 시작했다. 모든 것을 버릴 각오로 문학에 몸을 던질

만큼 강한 열정이 내게는 없다는 사실을 스스로 깨닫게 된 것이다. 청춘기에는 누구나 갖는, 문학이나 예술의 향기가 있는 곳에 몸을 담으면 편안한 기분이 느껴지는 것에 불과한 것이었다.

그런 이유로 결국에는 의대에 다시 입학하기로 결심하면서, 문학을 공부했던 4년은 헛된 시간이 되어버리고 말았다. 하지만 몇 년이 지난 후에 '그렇게 헛된 시간만은 아니었다.'고 생각하게 되었다. 당시 메이지 대학에는 가와바타 야스나리, 다카하시 겐지 등 나중에 이름을 떨치는 쟁쟁한 인물들이 모여 있었다. 한때나마 그런 사람들과 같은 캠퍼스 안에 있었다는 사실은 내게 있어서 매우 자랑스럽고 매우 소중한 추억이다.

역시 사람의 인생은 '플러스 · 마이너스 · 제로'가 되도록 균형이 잡혀 있는 것 같다. 헛수고로 끝난 일이라고 생각했던 일도 언젠가는 인생에 도움이 될 때가 찾아온다.

'인생 뜻대로는 되지 않는다.'고 생각되는 순간이 찾아오면 우리는 그것을 바로 좌절이나 실패라고 생각해버리기 쉽다. 나도 작가로서의 길을 포기했을 때 좌절감에 빠졌다. 하지만 긴 안목으로 보면 그것은 결코 좌절이 아니었다.

의사가 된 뒤로도 글 쓰는 일이 많아 문학을 공부했다는 사실이 커다란 도움이 되고 있다. 어찌보면 '생각한 대로 됐다'고 말할 수 있을지도 모르겠다.

Work Life Balance

# 28 화나는 마음을 다스리는 노하우

치밀어 오르는 기분, 폭발할 것 같은 기분을 적절하게 처리할 자기만의 방법을 갖는다는 것은 매우 중요하다. 그것은 평생 도움이 된다.

부부싸움을 하고 난 뒤에는 이상하게 책이나 잡지의 원고가 잘 써진다. 만년필이 술술 가볍게 움직인다. 글을 쓰는 것이 즐거워진다.

싸움을 하면 화가 나서 순간 열이 난다. 그 에너지를 원고 집필 쪽으로 돌리는 방법을 어느 틈엔가 습득해버린 듯하다.

그리고 탈고를 하고 나면 '일 한번 제대로 했다.'는 만족감 때문에 아내와의 싸움은 완전히 잊어버리고 만다. 내게 있어서 '원고를 쓰는 일'은 최선의 기분전환이자 스트레스 해소 방법이기도 하다.

나쓰메 소세키(夏目漱石)의 아들인 준이치 씨가 〈아버지의 병〉이라는 수필에서 이런 말을 한 적이 있다.

'다정한 아버지가 갑자기 기분이 나빠져 신경질적으로 변해 접근하기 어려워지는 것이다. 다시 말하자면 좋을 때와 나쁠 때의 차이가 너무 커서 도무지 같은 사람이라고는 생각되지 않을 정도로 변해버리는 것이다.'

아마 나쓰메 소세키도 격한 성격을 가진 사람이었던 것 같다. 그런 소세키가 구제받을 수 있었던 것은 '원고 집필'이라는, 혼자 있지 않으면 할 수 없는 행위가 오히려 좋은 기분전환거리로 작용을 했기 때문이라고 볼 수도 있을 것 같다. 만약 소세키가 소설가가 되지 않았다면 어떤 인물이 되었을까?

치밀어오르는 기분, 폭발할 것 같은 기분을 적절하게 처리할 자기만의 방법을 갖는다는 것은 매우 중요하다. 그것은 평생 도움이 된다. 노래방에서 미친 듯이 노래를 부르거나, 마음껏 운동을 하며 땀을 흘리거나, 음악을 들으며 마음을 가라앉히거나, 혼자 여행을 떠나거나…… 무엇이든 상관없다.

무엇이든 상관없지만 보다 생산적이고, 보다 건전하고, 보다 자신을 성장시킬 수 있는 방법이라면 더욱 좋을 것이다. 당신도 화가 날 때마다 글을 써서 베스트셀러 작가가 될 수도 있잖은가?

누구에게나 화나는 때가 있다. 중장년들에게도 화가 날 때가 있으며, 나 같은 나이가 되어서도 폭발할 것 같은 때가 있다. 그것이 옹졸한 말이나 행동으로 표출된다.

화나는 마음을 잘 다스리는 방법은 각자 스스로 찾아내야만 한다. 그것이 '균형 잡힌' 사람이 되기 위한 조건 중 하나다.

Work Life Balance

# 29 불평을 털어놓을 친구를 만든다

하고 싶은 말을 전부 할 수 있는 친구들과 한 달에 몇 번씩 모여서
가슴에 쌓였던 것을 털어놓을 수 있도록 한다.

불만이나 화를 겉으로 드러내지 않는 사람이란, 사실은 '드러내지 않는 것'이라기보다는 어떤 사정이 있어서 '드러내지 못하는 것'이라고 볼 수 있다.

예를 들어서 대기업의 안내 데스크에 앉아 있는 사람. 임원의 비서. 영업이나 판매 등과 같이 손님을 상대로 하는 일에 종사하고 있는 사람. 간호사나 간병에 관계된 일을 하고 있는 사람. 서비스업에 종사하고 있는 사람.

이런 사람들은 화가 나는 일이나 반론하고 싶은 일이 있어도 직업상 상대방에게 직설적으로 말할 수 없을 것이다. 꾹 눌러 참고 겉으로는 평정을 가장한다. 일상적으로 그런 경우가 많을 것이다.

드러내지 않는 편이 '저 사람은 인상이 좋다.', '인간이 됐다.', '아주 어른스럽다.', '좋은 사람이다.', '침착하고 냉정하다.', '믿음직하다.'는 등 주위로부터 높은 평가를 얻기 때문에 진짜 감정을 더욱 억누르게 된다.

이런 것을 정신과에서는 '과잉적응'이라고 부르는데, 아무리 자신을 억누를 필요가 있는 환경이라 할지라도 너무 오랫동안 자신을 억누르기만 하면 곧 정신의 균형이 무너지게 된다. 즉 '지나친 자제'는 금물이다.

따라서 조금은 자신을 드러내는 것이 좋다. 그렇다고 해서 상사나 손님, 환자 앞에서 하고 싶은 말을 다 하고, 하고 싶은 대로 다 할 수도 없는 일이다. 처한 입장에 맞는 언동을 하는 것은 어른이라는 증거이기도 하다.

따라서 일과 관계없는 사이로 불평을 말할 수 있는 친구, 징징거릴 수 있는 친구, 하고 싶은 말을 전부 할 수 있는 친구들과 한 달에 몇 번씩 모여서 가슴에 쌓였던 것을 털어놓을 수 있도록 한다.

불평 일기, 징징거리는 일기를 적는 것도 좋다. 펜을 들고 종이 위에 억눌러왔던 기분을 털어놓는 방법도 있다.

불평을 말할 수 있는 친구와 불평 일기를 교환해서 쓰는 것도 좋을 것이다. 자신이 놓인 입장에 따라서 참기도 하고 자신을 드러내기도 하는 것이 어른이다.

인내심이 강한 사람은 암에 걸리기 쉽다는 보고도 있다. 스트레스도 커다란 암의 발병 원인이 된다. 가끔씩 자신을 드러내 마음을 해방시키는 것이 좋다.

Work Life Balance

# 30 어린애 같은 철없음이 활력이 된다

승승장구하며 성공가도를 달리던 엘리트들이 큰 실패를 겪게 되면 완전히 포기해버리는 경우가 있다. '실패의 교훈'이 없기 때문이다.

젊었을 때는 '좀 더 어른스러워져라.'며 혼나기도 했지만 당시의 나는 '어른스러워진다.'는 말의 뜻을 잘 알지 못했다.

지금 생각해보면 나를 야단쳤던 선배는 '좀 더 이해심 있는 사람이 돼라.'는 뜻으로 했던 말인 것 같다. 다시 말하면 주위 사람들에게 동조해가면서 모두와 사이좋게 인간관계에 풍파를 일으키지 않도록 행동하라는 뜻이었을 것이다.

안타깝게도 사람은 그렇게 간단히 '어른이 될 수 있는 것'이 아니다.

몇 살이 되든 생각한 대로 일이 풀리지 않으면 손발을 버둥거리며 떼를 쓴다. 순조롭게 일이 풀리는 사람을 보면 부럽고 분해서 화가 나기도 한다. 자신이 갖지 못한 것을 갖고 있는 사람이 있으면 억지로 부탁을 해서라도 손에 넣으려 한다. 실제로 머리가 희끗희끗해져도 '어른이 되지 못한 사람'이 헤아릴 수 없이 많다. 하지만 그것도 나쁘지 않다.

내가 생각하고 있는 '어른이 된다'는 것은 그처럼 '어린아이 같은 천방지축'을 버리는 것이 아니다.

어린아이 같고 천방지축에 자기중심적이라는 것은 인간의 본질적인 감정이다. 살아가는 의욕과 의지와 활력이 모두 거기에서 발생한다.

뼈아픈 실수나 좌절을 경험했을 때 '두고 봐, 반드시 되갚아줄 테니.'라며 다시 일어설 수 있게 하는 힘의 원천이 바로 그 '어린아이 같고 천방지축에 자기중심적'인 감정이다.

괴로운 상황에 있을 때 쓰러지지 않고 어떻게든 버틸 수 있는 것도 바로 그 감정이 있기 때문이다.

승승장구하며 성공가도를 달리던 엘리트들이 커다란 실패를 겪게 되면 완전히 포기해버리는 경우를 종종 볼 수 있다. 이는 실패의 경험에서 얻어진 '실패의 교훈'이 없기 때문이다. 나쁜 의미에서 그들이 '지나치게 어른이 되어' 자기중심적인 힘을 잃었기 때문이다. 오히려 골목대장 같은 기질을 가진 사람이 막다른 상황에서는 훨씬 더 의지가 된다.

'어른이 된다'는 것은 '어린아이다움'을 완전히 버리는 것이 아니다. 그것을 활용해서 보다 의미있는 인생을 실현시켜나가는 지혜를 습득하는 것을 말하는 것이다. 이것이 프로이트가 말한 '승화'이다. '아이 같음'이라는 원시적인 감정을 인격적이고 지적인 활동에 어떻게 연결시킬 것인가 하는 것이 중요하다.

즉, 이성과 감정의 균형을 어떻게 잡아갈 것인가 하는 문제이다.

Work Life Balance

# 31 심한 질책에도 기죽지 않기

젊었을 때는 '야단을 맞는 것도 업무의 내용 중 일부라고 생각하는 것도 좋다. 그렇게 생각하면 크게 기죽을 일도 없다.

직장 상사에게 질책을 들었다면 가슴을 펴고, 사람들에게 자랑하고, 가만히 자부심을 느껴라.

상사들은 유능한 사원일수록 '야단을 치고 싶어하는' 심리를 갖고 있다. 특히 명백하게 자신보다 뛰어난 능력을 가지고 있는 부하에게는.

솔직히 말하면 상사의 질투심이나 불안감에서 발생하는 것이다. 부하의 조그만 실수를 발견해 심하게 야단치고 그것으로 안도감을 느낀다. 유능한 부하를 야단치는 것은 상사의 정신 안정제와 같은 것이라고 할 수 있다.

얼마 전 텔레비전 인터뷰에서 '상사에게 어떤 식으로 야단을 맞았을 때 가장 화가 나는가?'라는 질문을 받은 사람들이 제 나름대로 대답하는 것을 보았다. 정리해보면 다음의 세 가지 부류로 나눌 수 있다.

• 야단을 칠 때 인격을 무시하는 상사: '자네는 믿을 수가 없어.', '자네에게 이 일을 맡긴 내가 바보지.' 등과 같이 야단치는 상사.

• '그건 이미 알고 있어.'라는 말을 귀에 못이 박히도록 반복하며 야단을 치는 상사. 그 내용은 대체로 그다지 중요하지 않은 것.

• 사소한 것까지 미주알고주알 파헤쳐서, 특히 그 상황과는 전혀 관계가 없는 것까지 파헤쳐서 야단을 치는 상사.

이처럼 화가 치밀게 하는 방법으로 야단맞은 사람일수록 '유능한 사람'이라고 생각하면 된다.

상사에게 한두 번 야단맞았다고 해서 일일이 기가 죽거나 '나는 안 돼.'라며 비관적인 생각을 갖는다면 마음의 균형이 깨져버린다. 심한 질책을 들어도 균형 잡힌 사람은 '상사는 나를 유능한 부하로 인정하고 있다.'라고 생각한다.

상사의 입장에서 보면 유능한 사원보다 무능한 사원을 더욱 '혼내고' 싶을지도 모르겠지만, 설사 그렇다 할지라도 일일이 신경 쓰지 말고 밝게 일상 업무를 처리해나가는 것이다. 그것이 '마음만은 꺾이지 않는 것'이며 그러는 동안에 진짜 '유능한 사원'으로 인정받게 될 것이다.

젊었을 때는 '야단을 맞는 것도 업무 내용 중 일부'라고 생각하는 것이 좋다. 그렇게 생각하면 크게 기죽을 일도 없다. 그리고 화를 내고 있는 상사의 심리와 에너지의 사용량에도 주의를 기울여보도록 하자. '야단치는 사람'이 얼마나 힘든지도 알게 될 것이다.

Work Life Balance

# 32 부하에 대한 꾸중과 칭찬의 균형

이 세상의 모든 상사가 사려 깊다면 부하들은 굉장한 의욕을 느낄 것이다.
하지만 대부분 상사들은 야단 후에 신경을 써줘야 한다는 생각을 하지 못한다.

상사가 알아두어야 할 것은, 야단을 치기만 해서는 균형이 깨져버린다는 사실이다.

경영의 귀재라 불렸던 마쓰시타 고노스케(松下幸之助) 씨가 야단을 치는 모습은 정말 굉장했던 모양이었다. 아침 아무리 이른 시간이라 할지라도, 저녁 아무리 늦은 시간이라 할지라도 "당장, 들어와!"라고 부하를 불러내서 혼을 쏙 빼놓는다. 주위에 사람이 있든 말든 신경 쓰지 않는다. 철제 부젓가락으로 난로를 탕탕 두드리며 야단을 쳤는데 그 부젓가락이 휠 정도였다고 하니 부하들은 오금이 다 저렸을 것이다.

하지만 야단을 친 뒤에는 부하의 아내에게 가만히 전화를 걸어 "순간적인 감정으로 자살할지도 모르니 눈을 떼지 말고 지켜보세요."라는 말을 남겼다고 한다. 이튿날에는 직접 전화를 해서 "기분 좋게 잘하고 있나?"라고 물었는데 그 한마디에 부하들은 큰 위안을 얻은 듯했다.

야단을 치기만 하는 것이 아니라 그후의 일까지도 신경을 쓰기 때문에 부하들에게도 존경을 받았던 것이다.

혼다 소이치로(本田宗一朗) 씨도 야단을 칠 때는 매우 엄격했지만 실수를 반성하고 좋은 결과를 내면 더욱 크게 칭찬을 해준 사람이었다. '야단을 친 뒤 칭찬'을 해줌으로써 균형을 유지한 것이었다.

이 세상의 '상사'라 불리는 사람들이 모두 마쓰시타 씨나 혼다 씨처럼 '사려 깊은 상사'라면 부하들은 굉장한 의욕을 느끼게 될 것이다. 하지만 대부분의 상사들은 야단을 치기만 하고 후에 신경을 써줘야 한다는 생각을 하지 못한다.

하지만 상관없다. 그럴 때는 자신이 스스로를 칭찬하면 된다.

올림픽 여자 마라톤에서 "메달의 색깔은 동이지만 나 자신을 칭찬해주고 싶습니다."라고 말한 선수가 있었다. 본인이 그렇게 말을 하니 우리도 '잘했다.'고 칭찬을 해줄 수밖에 없다. '금메달을 따지 못한 건 노력이 부족했기 때문'이라며 질책을 할 수도 없는 일이다.

자신을 야단쳤던 상사 앞으로 가서 "과장님께 아무리, 아무리 혼나도 굽히지 않고 열심히 하고 있는 제 자신이 대견스럽습니다. 스스로를 칭찬해주고 싶을 정도입니다."라고 말해보는 건 어떨까. 상사는 야단칠 힘을 잃고 말 것이다.

균형 잡힌 상사는 야단을 치는 일에도, 칭찬을 하는 일에도 능숙한 법이다.

Work Life Balance

# 33 균형 잡힌 사람=긍정적인 사고

괴로움에도 불구하고 '낙관적이고 즐겁게 표현'하는 것이 가능한 사람은 결코 비관론에 빠지지 않을 것이다.

사람은 나이를 먹으면 점점 비관적이 되어간다, 라고 쓰고 보니 문득 떠오른 생각이 있다.

젊은이들 중에도 쉽게 비관적인 쪽으로 생각을 해버리는 사람들이 늘어나고 있지 않은가 하는 생각이다.

아침에 출근하자 동료가 "너, 어제 회식자리에 왜 빠졌어. 너에 대한 얘기로 아주 즐거웠었는데."라고 말하기만 해도 '나에 대한 얘기라고? 어차피 욕이나 했겠지…….'라며 아무 근거도 없이 옹졸한 생각을 한다.

"응? 무슨 얘기?"라고 한마디만 물어보면 밝은 대화가 될 수도 있을 텐데 애초부터 자신의 신변에 관해서 일어나는 일은 모두 비관적인 것이라고 단정지어버리기 때문에 대화가 끊겨버리는 것이다. 항상 그런 태도를 보이면 주위 사람들도 난처해진다.

나이 든 사람들은 아는 사람의 이름이 바로 떠오르지 않으면 그것만으로도 '아, 치매가 시작됐다. 큰일이다.'라고 생각한다. 혼자 고민하고 비관적으로 생각해서 그것이 '우울증'의 원인이 되기도 한다.

그리고 계단을 오르내릴 때 관절에서 뚝 뚝, 이상한 소리가 난다. 내 무릎도 때때로 그런 듣기 싫은 소리를 내게 되었다. 그리고 아프다.

그러던 어느 날 만화가 요코야마 류이치 씨를 만나게 되어 그 이야기를 했더니 "나도 그래요."라고 대답했다. 그리고 "나는 그걸 '무릎이 웃는다'고 말하고 있지만요."라고 말했다.

나 같으면 '무릎이 운다.'라거나 '무릎이 화를 낸다.'라고 말할 것 같은데 요코야마 씨는 '무릎이 웃는다.'라고 했다. 너무나도 천진난만하게 말해서 나도 모르게 큰소리로 웃어 그 순간만은 '무릎의 통증'을 잊을 수 있었다. 요코야마 씨도 '웃는다.'고 말할 때는 무릎이 아파도 아프지 않을 것이다.

괴로움에도 불구하고 '낙관적이고 즐겁게 표현'하는 것이 가능한 사람은 결코 비관론에 빠지지 않을 것이다.

그러한 명랑함, 그러한 낙관주의, 그러한 긍정적인 사고.

'너에 대한 이야기'라는 말을 들으면 '그래? 나도 꽤 인기가 있나 보지?'라며 즐거운 쪽으로 생각하는 것이 좋다.

생각해보라. 대부분의 사람들은 '나를 화제로 삼았으면 좋겠다.'고 생각하지만 그렇게는 되지 않는 법이다. 좀 더 '열린 생각'을 하는 습관을 익혀야 된다.

Work Life Balance

# 34 짐이 무겁다고 내려놓지 말라

어차피 지고 갈 짐이라면 무겁다고 불평하지도 말고 기꺼이 지고 가라.
그러면 좌절하거나 궁지에 몰렸을 때도 눈앞이 캄캄해지거나 당황하지 않는다.

도쿠가와 이에야스(德川家康)는 "사람의 일생이란 무거운 짐을 짊어지고 먼 길을 가는 것과 같다."라고 했다.

여기서 한 가지 질문을 던지고 싶다. 이에야스는 긍정적인 사고를 가진 사람일까, 부정적인 사고를 가진 사람일까.

위의 글만 보면 인생을 '괴로운 것', '힘든 것', '밝지 않은 것', '희망을 발견할 수 없는 것' 등 매우 부정적으로 생각하고 있는 사람처럼 보인다. 하지만 그 반대이다. '한 걸음 한 걸음 착실하게 전진해 나가는 긍정적인 사고'인 것이다.

가령 '사람의 일생이란 그 어떤 짐도 지지 않고 하루하루 즐거운 기분으로 즐기는 것이다.'라는, 언뜻 보면 긍정적으로 보이는 사고를 갖는다면, 막상 현실적인 문제에 직면해서 괴롭고, 힘들고, 어둡고, 절망적인 상황에 처했을 때 바로 주저앉으며 좀처럼 재기하지 못하게 된다.

'인생은 밝은 것'이라고 믿는 사람일수록 자신도 모르는 사이에 부정적인 사고 쪽으로 기울어지기 쉽다.

퇴근 전철 속에서 손잡이를 잡고 서 있으면 머리를 스치고 지나가는 생각…… 오늘 실수를 해서 상사에게 야단맞은 일, 이대로 이 회사에서 계속 다녀야 하는 걸까 하는 회의감, 불신감, 공포심, 미래에 대한 불안…… 등 부정적인 것들뿐이다.

'인생은 밝은 것'이라고 믿고 있기에, 그 반대인 현실 속의 자신을 책망하게 되는 것이다.

전철 속에서 "나쁜 녀석, 멍청이 같은 놈, 사람을 어떻게 보고."라며 중얼거리는 사람을 볼 수 있다. 그것도 '인생은 밝은 것'이라고 믿고 있기 때문에 '앞길이 캄캄한 자신'을 받아들이지 못하고 현실과 이상간의 괴리를 메우기 위해 중얼거리고 있는 것이다.

나는 '무거운 짐을 짊어지고'라는 부분을 음미해보라고 말하고 싶다. 어차피 지고 갈 짐이라면 무겁다고 불평하지도 말고 기꺼이 지고 가리라, 하는 생각이다.

처음부터 '그런 것'이려니 생각하면, 좌절하거나 궁지에 몰렸을 때도 '눈앞이 캄캄해져서' 당황하는 것이 아니라 '이 무거운 짐을 짊어지고서라도 앞으로 나가자.'라는 각오를 할 수 있게 된다. 지혜를 짜내고 노력을 해서 어떻게든 헤쳐 나가려고 적극적인 자세를 취하게 된다. 그것이 제대로 된 긍정적인 사고이다.

목표 의식은 마음을 건강하게 한다. 마음의 균형을 잡는 것은 각자에게 달린 문제다.

Work Life Balance

# 35 열등감이 때로는 힘이 된다

젊었을 때는 일반적으로 열등감을 가지고 있다. 아직 '우물 안'에 있기 때문에 좁은 범위의 가치관밖에 가지고 있지 않기 때문이다.

어떤 사람이 자신의 눈썹이 보통사람보다 굵다는 사실에 열등감을 느낀다. 동급생들에게 '숯 검댕이 눈썹'이라고 불린 것이 열등감을 갖게 된 계기였다. 스무 살이 될 무렵부터는 그렇게도 싫어하던 숯 검댕이 눈썹에도 그럭저럭 애정을 갖게 되었고 자신감도 갖게 되어 지금은 '이게 바로 나야.'라고 생각할 정도로 사랑스러운 것이 되었다고 한다.

또 어떤 사람은 자신의 집이 석재상이라는 데 열등감을 품고 있었다. 역시 '돌집, 돌집'이라는 놀림을 받았기 때문에 '어른이 되어서도 석재상만은 절대로 하지 않겠다.'고 결심을 했었다. 하지만 어른이 되고 보니 장인(匠人)이라는 일에 동경을 품게 되었고, 이왕이면……이라는 생각이 들어 결국에는 가업인 석재상을 이어받게 되었고 지금은 자신의 일에 자부심을 갖게 되었다고 한다.

사실은 나도 낳고 자란 집이 정신과 병원이었기 때문에 학교에서 놀림감이 되곤 했었다. 당시는 '마음의 병'이 '미친 사람'이라는 뿌리 깊은 편견이 있었다.

좋은 생각은 들지 않았다. 괴롭기도 했다. 하지만 나는 정신과 의사가 되었다.

어린이들에게는 이질적인 것을 보면 놀리고 싶어지는 심리가 있다. 그런 어린이 자신도 자신 속에 주위 아이들과 비교해서 이질적인 부분이 있으면 그것을 부끄럽게 여기고 혐오스러워한다.

아직 시야가 좁기 때문이다. '우물 안의 개구리'일수록 '이질적인 사람'을 싫어하며 '이질적인 자신'을 받아들이지 못한다.

하지만 어느 연령에 이르면 '이질적인 것'에도 신경을 쓰지 않게 된다. 조금도 부끄러워할 일이 아니며, 싫어할 일도 아니고 오히려 나만의 개성이 아닌가, 사람들에게 자랑할 만한 것이 아닌가 라고 생각하게 된다.

그것은 시야가 넓어졌다는 증거이며, '우물 밖'으로 나가도 나름대로 살아갈 수 있다는 자신감을 보여주는 것이다.

타인의 '열등감'에 대해서도 마찬가지다. 어떤 때는 그것이 그야말로 '꼴도 보기 싫은 것'이라고 느껴지지만, 어느 순간부터는 그것을 완전히 잊게 되었다는 사실을 문득 깨닫게 된다. 젖니가 영구치아로 바뀌는 것과 같은 것이다.

10대나 20대 젊은이들 중에서 열등감 때문에 자신을 책망하며 마음의 균형을 깨트리는 사람을 흔히 찾아볼 수 있다. 내가 말하고 싶은 것은 너무 걱정하지 말라는 것이다.

자신을 책망하며 자신을 피곤하게 해서는 안 된다. '신중하게 살아가라.'고 말하면 조금 추상적으로 들릴지도 모르겠지만, 하루하루

맡겨진 일을 수행하며 시간이 지나기를 기다리는 것이 최선의 방법이다. 곧 마음속에 '자신감'이라는 영구치아가 자라날 것이다.

또 하나. 나만이 열등감을 가지고 있는 것이 아니다. 미국의 대학교에서 학생들에게 '열등감이 있는가?'라고 물었더니 93%의 학생들이 '있다.'고 대답했다고 한다. 내 생각에는 '없다.'고 대답한 학생들이 오히려 더 걱정이다. 기분이 들뜨는 조증(躁症)에 걸릴지도 모를 성격 이상이 있을 가능성도 있다.

젊었을 때는 일반적으로 열등감을 가지고 있다. 그것은 아직 '우물 안'에 있기 때문에 좁은 범위의 가치관밖에 가지고 있지 않다는 것이 원인이다. 기껏해야 학력이나 용모만으로 자신과 타인을 비교하여 열등감을 품게 되기 때문이다.

'우물 밖'으로 나와 수많은 가치관에 접하게 되면 열등감은 사라지게 된다. 그것이 자연스런 과정이다.

Work Life Balance

# 36 치우친 마음, 편협한 인간관계

치우친 마음이 편협한 인간관계를 낳으며, 편협한 인간관계가 마음을 더욱 치우치게 만든다. 그리고 한 번 기가 꺾이면 좀처럼 일어설 줄 모른다.

사람들 속에서 고립되기 쉬운 성격이 있다. 몇 가지 지적해보겠다.

- 한 가지에 집착한다.
- 융통성이 없다.
- 농담을 하지 않는다.
- 웃지 않는다.
- 늘 기분이 좋지 않다.
- 바보스러울 정도로 정직하다.
- 결벽증이 심하다.
- 타인에 대한 질투심이 강하다.
- 자기 과시욕이 강하다.
- 이기적이다.
- 자신은 옳고 나쁜 것은 타인이라고 생각한다.

이런 사람들은 '마음의 균형이 깨진 사람'이다.

그리고 그 '치우친 마음' 때문에 사람들이 무심코 한 말에 심하게 마음의 상처를 입으며 한 번 기가 꺾이면 좀처럼 일어설 줄 모른다.

사람들 앞에서 소심한 태도를 취하게 된다. 사소한 일 때문에 자기 자신을 잃는다.

그리고 다음과 같은 사람들은 '편협한 인간관계'에 빠지기 쉽다.

• 마음이 맞는 사람과는 사귀지만 마음이 맞지 않는 사람과는 이야기도 하지 않는다.

• 다른 세대 사람들과는 얘기가 통하지 않아 사귀지 않는다. 같은 세대 사람들하고만 사귄다.

• 동성 친구들은 많지만 이성과의 사귐에는 서툴다.

이것은 악순환이라고 해도 좋을 것이다. 치우친 마음이 편협한 인간관계를 낳고, 편협한 인간관계가 마음을 더욱 치우치게 만든다.

이 '치우친 마음'과 '편협한 인간관계'의 악순환은, 한 번 빠지면 쉽게는 빠져나올 수 없지만 그래도 노력해서 빠져나와야 한다.

편협한 마음이나 인간관계를 스스로 깨닫지 못하고 그대로 방치해두면 갑자기 화가 치밀어 올라 엄청난 사태를 초래하게 될지도 모른다. 그것을 막기 위해서는 '자기개혁'을 하는 수밖에 없다.

그렇다고 해서 완전히 다른 사람이 되라는 것은 아니다. 조금만 바꾸면 되는 것이다.

웃지 않는 사람은 조금 웃어보는 노력을 해볼 것.

조금이라도 좋으니 기분 좋은 표정을 지어볼 것.

이기적인 자신을 조금은 반성해볼 것.

좋아하지 않는 사람과도 조금씩 사귀도록 노력해볼 것.

조금씩이라도 상관없으니 착실하게 자신을 바꿔볼 것.

언젠가는 악순환에서 벗어나 마음과 인간관계의 균형감각을 회복할 수 있을 것이다.

4장

# 유쾌한 인생

Work
Life
Balance

# 37 여유롭게, 자유롭게, 평화롭게

웃음은 마음뿐만 아니라 건강의 균형도 좋게 해준다. 건강의 균형이 좋아짐으로 해서 마음이 한층 더 여유로워지는 상승 효과도 기대할 수 있다.

'균형 감각 있는 사람'이란 '정신적으로 안정된 사람'이라고 말할 수 있다.

사소한 일로 우왕좌왕하지 않는다. 태연하다. 허둥지둥하지 않는다. 감정적으로 큰소리를 내지 않는다. 초조해하지 않는다. 평화가 넘쳐난다. 조용히 언제나 미소 짓는다. 올바른 판단을 내린다.

그렇다면 정신을 안정시키는 데 있어서 가장 중요한 것은 무엇일까? 그것은 '여유'이다. 그런 의미에서 '웃음'은 우리의 마음과 삶의 균형을 바로 잡아주는 데 커다란 도움이 된다. 프로이트도 '웃음은 마음을 해방시킨다.'고 말했다.

진심으로 즐거워서 웃으면 어떤 효과가 있을까? 부교감신경의 작용이 활발해진다. 모세혈관이 넓어져 혈압도 내려간다. 심장의 부담도 줄어든다. 혈당도 내려간다. 소화력도 좋아진다. 배의 근육을 움직이기 때문에 배변도 좋아진다. 면역력도 높아진다. 웃음은 '마음' 뿐만 아니라 '몸'의 건강적인 균형도 좋게 해준다. 몸의 건강적인 균형이 좋아짐으로 해서 마음이 한층 더 여유로워지는 상승 효과도 기대할 수 있다.

게이오 대학의 니시오카 히데오 교수는 'HQ지수'의 중요성을 강조했다. 이는 니시오카 교수가 만들어낸 말로 H는 '유머(Humour)'의 머리글자이다. 즉 '유머지수'를 말하는 것이다.

사람들은 IQ지수를 매우 중요하게 여긴다. IQ지수가 능력과 결부되는 것이라고 착각을 하고 있다.

그러나 실제로 사회에 나가보면 분명 지능지수가 높다는 것은 인정하지만, 인간미가 없고, 이론만 앞세워 탁상공론을 일삼고, 거만하게 타인의 결점을 하나하나 지적하는, 도저히 가까이 하고 싶지 않은 사람도 있다.

지능지수와 마찬가지로 유머지수도 중요하게 생각해야 한다는 니시오카 교수의 말에는 나도 절대 공감한다.

'머리가 좋은 것'뿐만 아니라 거기에 유머와 농담을 더해서 웃을 수 있게 되어야 인간성의 균형이 잡히게 된다.

후쿠자와 유키치도 웃음에 대해서 이렇게 말했다.

'농담은 단순한 오락이 아니라 거기서 인생의 의미를 느낄 수 있는 것이자 교육의 일종이다.'

이 말에도 역시 절대 공감이다.

Work Life Balance

# 38 변화무쌍한 인간이 되어본다

평소 '딱딱한 일'에 종사하고 있는 사람들은 일에서 떠났을 때만은 사람이 바뀌었다고 생각될 정도로 철저하게 놀아보는 것도 좋다.

니시오카 히데오 교수는 화장실 교수로도 유명하다. 일본 화장실 협회 회장으로 전 세계의 화장실용 휴지를 모으는 것이 취미였다.

그런 이유로 외국으로 여행을 나갔을 때 그 나라에서 가져오는 휴지는 니시오카 교수를 위한 좋은 선물이 되었다.

한번은 이런 일도 있었다. 예전에 퀸 엘리자베스 2세 호가 요코하마에 입항했을 때 나는 얼른 그 배 위로 올라가 그곳의 휴지를 하나 슬쩍 가져다 니시오카 교수에게 선물했다.

"고마워. 정말 고마워."라며 아주 기뻐하는 니시오카 교수의 인품에 나는 다시 한 번 감탄했다.

왜냐하면 퀸 엘리자베스 2세 호의 화장실 휴지는 그냥 하얀 화장실용 휴지였다. 퀸 엘리자베스 2세 호의 것이라는 사실을 증명해줄 만한 문양도 아무것도 없었다.

'이거 진품이야? 그냥 동네 슈퍼에서 사온 거 아니야?'라고 의심을 해도 변명의 여지가 없는 것이었는데 '고맙다.'며 기뻐해주는 것이 니시오카 교수의 '마음의 여유'이자 '균형 잡힌 마음'인 것이다.

'지능지수'와 '유머지수'의 균형이 잡힌 사람이 아니고서는 그럴 수 없을 것이다.

어떤 사람은 일흔 살이 넘으면 '웃음거리'가 되라고 말했다. 할아버지, 할머니가 되어서까지 사람들로부터 존경을 받으려고 근엄한 얼굴을 하고 있으면 '귀염성 없는 노인'이 되어버린다는 것이다.

나도 그렇게 생각하지만 '웃음거리'라고 하면 어감이 별로 좋지 않은 것 같으니 이렇게 말해야겠다. '변화무쌍한 인간'이 되라고.

이것은 젊은 사람들에게도 해당되는 말이다. 특히 평소 '딱딱한 일'에 종사하고 있는 사람들은 일에서 떠났을 때만은 사람이 바뀌었다고 생각될 정도로 철저하게 놀아보는 것은 어떨까?

노파심에서 덧붙이는데, 니시오카 교수에게 선물한 휴지, 절대로 슈퍼에서 사들인 가짜가 아니다. 진짜 퀸 엘리자베스 2세 호의 화장실에서 사용하고 있는 휴지임을 다시 한 번 밝혀둔다.

# 39 때와 장소와 상황에 맞는 농담

농담에도 나름대로 기술이 있다. 농담에 대한 감각을 기르는 교육을 하는 것도 좋겠다. 체육이나 음악 수업이 있는 것처럼 '농담' 강좌가 있어도 좋을 듯하다.

일부 남성 중에는 '농담'이라고 하면 '저속한 말'이라고 생각하는 사람들이 있어서 난감할 때가 있다.

그런 생각을 가지고 있는 사람들은 아마 '인간성'도 한쪽으로 치우쳐 있을 것이다. 걸핏하면 화를 내를 사람이거나, 이상할 정도로 의심이 많은 사람이거나, 겉모습과 속마음이 다른 사람일 것이다.

외국에서, 이륙 직전의 항공기에 오른 술에 취한 승객이 농담을 할 생각으로 '폭탄을 장치했다.'고 승무원에게 말한 적이 있었던 모양이다.

경찰관과 경찰견이 바로 출동, 기내를 구석구석 수색하기 시작했으며 그 동안 다른 승객들은 발이 묶여버리고 말았다. 공항도 폐쇄되었다.

몇 시간 후, 폭탄은 애초부터 없었다는 사실이 밝혀졌지만 참으로 어처구니없는 얘기가 아닐 수 없다.

이와 비슷한 일이 십 몇 년 전에도 있었다. 역시 술에 취한 승객이

승무원에게 폭탄에 관한 얘기를 했다. 그것도 태평양 상공에서.

비행기는 곧바로 출발지였던 하와이로 되돌아갔다. 이처럼 '폭탄' 운운하는 좋지 않은 농담, 악질적인 농담을 말하고 싶어하는 사람이 때때로 있는 모양이다.

농담을 할 때 중요한 것은 TPO(time, place, occasion), 즉 때와 장소와 상황을 생각해야 한다. 그러한 균형 감각이 부족하기 때문에 비행기 안에서 폭탄 얘기를 꺼내 남에게 피해를 주는 것이다.

농담에도 나름대로 기술이 있다고 훈련의 필요성을 주장한 후쿠자와 유키치의 말을 앞서 소개했는데, 정말로 진지하게 중학교쯤에서 농담에 대한 센스를 기를 수 있는 교육을 하는 것이 좋지 않을까 생각한다. 체육이나 미술, 음악 수업이 있는 것처럼 '농담' 수업이 있어도 좋을 듯하다.

회식자리에서 술에 취해 스스럼없는 농담을 할 생각으로 같은 직장의 여사원에게 저속한 말을 했다가 성추행으로 고소를 당해 직장에서 쫓겨나는 경우까지 있으니 의무교육으로 철저하게 가르치는 것이 좋을지도 모르겠다.

독학을 해도 좋으니 '농담과 TPO의 균형'에 대해서 공부해보는 것은 어떨지?

# 40 나이와 체력의 균형

중년 이후부터 무리를 하거나 무모한 짓을 하는 것은 금물이다.
자신의 나이와 체력을 고려해서 적당히 계속해나가는 것이 중요하다.

건강을 위해서 그리고 노화방지를 위해서 운동으로 땀을 흘리는 습관을 가진 사람들이 많다. 그때 가장 중요한 주의점은 자신의 나이와 체력의 균형을 생각해야 한다는 것. 무리는 금물이다.

내가 괴로움을 겪었던 일에 대해서 적어보겠다.

42세 때 담배를 끊은 것까지는 좋았는데 그 순간부터 몸이 불어나기 시작해서 체중이 80kg을 넘어버렸다. 이래서는 안 되겠다 싶어 다이어트를 겸해서 시작한 운동이 수영과 테니스였다.

그리고 50대로 접어든 뒤의 어느 해 겨울. 실내 테니스 코트에서 한차례 땀을 흘린 뒤 반소매 셔츠를 입은 채로 바깥 공기를 쐬었다가 팔에 이상이 생기고 말았다. 흔히들 말하는 테니스 엘보우로, 그 때문에 테니스를 그만두어야 했다.

무거운 여행가방도 들 수가 없어서 그후 몇 년 동안은 좋아하는 여행을 하면서도 고통을 겪어야만 했다.

30, 40대에는 상관없지만 50대가 되면 조그만 일로도 몸 마디마

디를 다치게 된다. 그 사실을 충분히 고려해서 팔을 따뜻하게 했으면 좋았을 걸 그랬다.

젊었을 때는 등산을 좋아해서 매년 일본 알프스를 등반했다. 따라서 체력에는 자신이 있었는데 되돌아보면 그것은 지나친 자신감이었다.

중년 이후부터 무리를 하거나 무모한 짓을 하는 것은 금물이다. 자신의 나이와 체력을 고려해서 적당히 계속해나가는 것이 중요하다. 그렇게 해야만 오랫동안 계속할 수 있다. 그것이 균형 감각이다.

몇 년 전에는 20년간 다니던 스포츠클럽에서도 물러났다. 스포츠클럽에서의 운동도 나이에 적합하지 않다는 사실을 깨달았기 때문이다.

나와 비슷한 연령대 사람들에게 가장 적합하고 좋은 운동은 산책인 듯하다. 산책만 해도 허리와 다리를 단련하기에 충분한 운동이 되며 고혈압 예방에도 좋다.

또한 산책 도중, 처마 밑에 늘어놓은 화분의 꽃을 바라보거나 새의 지저귐을 듣는 것도 마음의 위안이 된다. 이는 '마음의 건강'에도 좋다.

Work Life Balance

# 41 먹는 것에도 균형 감각을

자신의 나이와 하루의 소비 에너지를 생각해서 적정한 양의 식사를 하는 것, 이것도 중요한 균형 감각이라고 할 수 있다.

삶의 질을 높이기 위해 가장 중요한 것 중 하나가 균형 있는 식사이다.

그런 의미에서 육식에 치우쳐 있는 미국에 비해 우리의 식사는 훌륭하다. 고기, 생선, 달걀, 야채, 콩 등을 균형 있게 늘어놓는 것이 우리의 가정식이다. 아니, 술집의 메뉴만 봐도 의외로 균형 잡힌 음식들이 갖춰져 있음을 알 수 있다.

거기다 지금은 웰빙이 사람들의 관심을 끌고 있다. 평소 건강식에 주의를 기울이고 있는 사람들도 많을 것이다. 그럼에도 불구하고 잘못된 식생활 때문에 병에 걸리는 사람들도 급증하고 있다.

그 원인은 대체로 '과식'에 있다. 비만, 당뇨병, 고혈압을 불러온다. 비만은 심근경색이나 뇌경색의 원인이 되기도 한다. 영양의 균형을 생각한 식사를 한다 할지라도 과식 때문에 살이 쪄버리면 본전도 뽑지 못한다.

100세 이상 산 장수 노인들을 대상으로 60세 이후의 식생활에서 가장 신경을 쓴 부분을 조사를 해봤더니 영양의 균형보다는 오히려 '과식을 하지 않도록 조심했다.', '한 숟가락 더 먹고 싶을 때까지만 식사를 하도록 노력했다.'고 대답한 사람들이 더 많았다.

90세가 넘어서도 여전히 현장에서 의사로 활약하고 있는 선배 의사는 한 숟가락 더 먹고 싶을 때 식사를 멈추는 것이 좋다고 말한다. 아침에는 야채주스, 점심에는 우유와 비스킷, 제대로 된 식사를 하는 것은 저녁때뿐이라고 한다.

그렇게 먹고도 병원 일을 하고, 강연회로 각지를 돌아다니고, 텔레비전과 라디오에도 출연하고, 수필 원고를 쓰는 등 빽빽한 일정을 수행해나갈 만큼의 에너지는 충분히 공급할 수 있다. 그 이상 먹으면 과식이라는 얘기가 되는데, 그는 20대 무렵부터 지금까지 체중에 거의 변화가 없다고 한다.

자신의 나이와 하루의 소비 에너지를 생각해서 적정한 양의 식사를 하는 것, 이것도 중요한 균형 감각이라고 할 수 있다.

Work Life Balance

# 42 적당한 장소에서 적당한 독서를

시간, 장소에 따라서 딱딱한 책에서부터 쉬운 책까지, 전문서적에서부터 주간지까지, 정독을 해야 할 책에서부터 대충 읽어도 좋을 책까지 균형 있게 읽는 게 좋다.

우리는 독서를 왜 하는가?

좋은 기분전환도 되고, 유익한 공부도 된다.

시간 때우기에도 좋고, 즐거움이 되어주기도 한다.

졸음을 가져다주면서도 순간적인 발견도 할 수 있게 해준다.

머리를 텅 비워주기도 하고, 그와 동시에 머리를 움직이게도 해준다.

세상에 이처럼 편리하고 여러 모로 도움이 되는 것도 없을 것이다.

특히 독서의 장점이라고 생각되는 것은 '마음에 대한 효용'이다.

침대에 누웠는데도 온몸의 신경이 예민해져서 잠들지 못하는 밤에는 취미인 비행기 관련 잡지를 이리저리 뒤적인다. 그러다보면 마음이 편안해져 곧 졸음이 찾아온다. 그대로 쓰러져 잠들어 눈을 떠보면 다음날 아침이 되어 있다. 독서는 정신의 안정제와 같은 역할도 해준다.

시내에서 움직일 때는 의학 관련 서적을 훑어본다.

정신과와 관련된 지식을 얻을 필요가 있기 때문이기도 하지만 일을 하기 위한 마음가짐을 갖추기 위해서이기도 하다. 책을 여는 것만으로도 마음을 다잡을 수 있다.

개인적인 여행을 위해 이동하는 차 속에서는 최근 화제가 되고 있는 책이나, 좋은 평을 얻고 있는 작가, 어떤 상을 받은 작품을 읽는다. 목적지와 연관이 있는 작가의 책을 들고 가는 때도 있다. 관광을 가는 기분으로 쓰와노(津和野)에 오가이(1862~1922, 일본의 근대 소설가)의 문고본을 들고 가기도 하고, 야마가타(山形)에 바쇼(芭蕉, 17세기 일본의 하이쿠 작가)의 〈깊은 오솔길〉을 가지고 가기도 하는데 그렇게 하면 '지금 여행을 하고 있다'는 기분을 마음껏 느낄 수 있다.

책벌레로 알려진 도쿠토미 소호도 '독서의 비결은 적당한 장소에서 적당한 책을 읽는 것이다. 바로 거기에 이른바 독서 애호가의 마음가짐이 있는 것이다.'라고 말했다.

고기, 생선, 야채, 과일 등 균형 잡힌 식사가 건강에 좋다. 독서도 마찬가지다.

소호가 말한 '적당한 장소에서 적당한 책'이라는 것은 그때그때의 시간, 장소에 따라서 딱딱한 책에서부터 쉬운 책까지, 전문서적에서부터 주간지까지, 정독을 해야 할 책에서부터 대충 읽어도 좋을 책까지 균형 있게 읽으라는 얘기일 것이다. 그것이 마음의 균형을 잡아주고 마음에 건강을 가져다준다.

# 43 술자리 실수를 상사는 잊지 않는다

술자리에서 한 말을 가지고 이튿날 상사가 "자네가 무슨 생각을 하고 있는지 잘 알았네. 다음 인사 때는 각오를 해두게."라고 한다.

동서고금을 통해 술에 빠져서 신세 망친 사람은 헤아릴 수도 없이 많다. 이렇게 말하면 대부분의 사람들은 '나사 풀린 중년 남성'의 얼굴을 떠올리겠지만, 요즘에는 꼭 그렇지만도 않은 듯하다.

'키친 드링커'라는 말이 있다. 육아나 남편과의 관계 때문에 스트레스가 쌓인 주부가 마음을 달래기 위해 부엌에서 술을 마시기 시작, 그러다 중독이 될 때까지 마시게 되는 것이다. 알코올 중독에 걸리는 주부들이 급증하고 있다.

젊은 사람 중에도 알코올 때문에 몸과 마음의 건강을 잃는 이들이 많다. 특히 프리타(정규 직장을 갖지 않고 아르바이트로 살아가는 사람)와 니트족(학생도 아니고 직장도 없으면서 구직 활동을 포기한 젊은이들)이라 불리는 젊은이가 늘어나면서부터 알코올에 빠져 헤어나지 못하는 사람들이 더욱 많아졌다고 한다.

그들에게 조그만 충고를 하나 하겠다. 혼자서 술을 마시면 종종 과음을 하게 되니 누군가 마음 맞는 사람과 즐겁게 얘기를 나누면서, 즐거운 분위기 속에서 마시는 것이 좋다. 그리고 무엇인가 먹으며 마실 것. 술만 마시지 않도록 하고 적당한 양을 마시면 술잔을 놓을 것. 이상이 균형 잡힌 음주법이다.

알코올 중독까지라고는 할 수 없지만 술자리에서의 사소한 실수로 인생을 망쳐버리는 사람도 있다.

직장인 가와야나기 씨는 이런 일을 겪었다.

망년회에서 상사가 "오늘은 마음껏 놀아보자."라고 해서 그 동안 쌓였던 불만을 술기운에 전부 털어놓았다. 해서는 안 될 말까지 해버렸을 것이다. 술자리에서 한 말을 가지고 이튿날 상사가 "자네가 무슨 생각을 하고 있는지 잘 알았네. 다음 인사 때는 각오를 해두게."라고 한다. 참으로 무시무시하다.

한 조심성 많은 직장인은 이렇게 말했다.

"망년회, 마음 놓고 마음껏 놀 수 없다."

술자리에서는 틀을 벗어나서는 안 된다. 그것이 '균형 잡힌 사람'의 술 마시는 방법이다.

# 44 취미생활도 은퇴 후에는 너무 늦다

은퇴후 그때부터 취미를 갖겠다고 생각한다면 그건 너무 늦는다.
지금부터 시작해야 한다. 취미에 있어서만은 바람을 피워도 괜찮다.

문화센터의 교양강좌에 다니거나 마음 맞는 사람들끼리 모여서 무엇인가를 배우는 모임을 만드는 사람들을 스쿨족이라고 부른다고 한다.

그런 사람들이 늘어나기 시작한 것은 20년쯤 전이라고 생각되는데 당시에는 주로 자녀 양육을 마친 주부들이 중심이었던 것 같다. 그러던 것이 지금은 육아 중에 있는 주부, 출산 전의 주부는 물론 독신 여성까지도 일이나 가사에 종사하면서 짬짬이 어떤 '스쿨'에 다니는 것이 당연한 일이 되어버렸다.

난처해진 것은 남자들이다. 여성들의 경우는 인생을 즐기는 법이 다양화되기 시작했지만 남자들은 예나 지금이나 변화가 없다. 삶의 보람이라고 할 수 있는 것은 일뿐, 오랜만에 찾아온 휴일도 낮잠으로 보낸다.

이건 그다지 좋지 못하다. 평생 일을 할 수 있을 것이라고 생각하고 있는지는 모르겠지만 언젠가는 정년이 찾아온다.

그때부터 취미를 갖겠다고 생각한다면 그건 너무 늦는다. 지금부터 시작해야 한다.

'아무런 취미도 없는 사람'이 한 명 있었다. '취미를 가져보려고 그림을 그리기 시작했어요.'라고 말했다. 남자들도 대부분 여기까지는 간다. 하지만 그 중 많은 사람들이 이렇게 말한다. '나는 역시 끈기가 없어서인지 삼일 만에 도루묵이 됐다.'고.

그래도 상관없다. 그렇다고 해서 '역시 내게 취미 같은 건 어울리지 않아.'라고 생각하지만 않으면 된다.

무엇이든 해보는 것이 '자신의 취미'를 갖는 요령이다. 그림 그리기에 실패했다면 기타를 연주해보는 것도 좋을 것이다. 동네야구를 해도 좋고 수석을 수집해보는 것도 좋다. 아주 재미있어 보였지만 실제로 해보니 그다지 흥미를 느끼지 못하는 경우는 얼마든지 있다. 그래도 포기하지 말고 이것저것 해보는 것이다.

취미에 있어서만은 바람을 피워도 된다. 왕성한 도전정신으로 하나하나 새로운 것에 시선을 돌려야만 평생 계속할 수 있는 취미도 발견할 수 있게 되는 것이다.

그것이 귀찮다고 말하는 것이 바로 남성이다. 바람기를 마음껏 발휘하는 것은 오히려 여성 쪽이 아닐까? 취미에 있어서 남자는 '고지식한 존재'다.

Work Life Balance

# 45 일은 본처, 취미는 애인

일에 관한 얘기만 하는 사람을 만나면 곧 질려버린다.
취미에 관한 얘기도 하는 사람. 그런 사람은 다시 만나고 싶어진다.

어떻게 해야 돈을 벌 수 있을까, 출세를 할 수 있을까가 아닌 자신만의 테마를 가지고 살아가는 사람들이 있다.

〈귀여운 여인〉 〈세 자매〉와 같은 희곡을 쓴 문호로 유명한 안톤 체호프의 본업은 의사였는데 그는 '의사는 본처, 문학은 애인이다.'라고 말했다.

모키치(茂吉)도 〈붉은 빛〉을 쓴 시인이자 본업은 체호프처럼 의사였던 사람으로 그 역시 문학은 애인이라고 할 수 있는 존재였다.

즉, 여기서 말하는 인생의 테마란 어떻게 해서 '애인'을 만들까, 본업 이외에 자신은 무엇을 해야 하는가, 라는 의미이다.

이처럼 두 개의 얼굴을 함께 가지고 있는 사람, 본처 외에도 애인을 가지고 있는 사람, 두 개의 짚신을 신고 살아가는 사람들의 삶을 좋아하며 나 자신도 그런 삶을 동경한다.

인생의 행복한 균형이라는 의미에서 보더라도 본업 이외의 삶의 테마를 발견해내는 것은 중요한 일이다.

한 회사의 부장은, 도쿄 역사산책이 취미라 휴일이면 인터넷 홈페이지에서 모집한 사람들과 함께 아사쿠사에서부터 우에노, 황궁 주변까지 역사적인 유물을 찾아다닌다고 한다. 좋은 '애인'을 가진 사람이라는 생각이 들어 부럽기 짝이 없다.

그런데 때로 세상이란 참으로 이상한 것이다. 체호프나 모키치도 마찬가지지만, 그 사람이 본업(본처)으로 삼고 있는 일보다도 취미나 부업으로 삼고 있는 일에 더 강한 관심을 보이며 재미있어한다.

세상 사람들에게는 틀림없이 그런 면이 있다. 일에 관한 얘기만 하는 사람을 만나면 곧 질려버린다. 일에 관한 얘기도 하지만 취미(애인)에 관한 얘기도 하는 사람. 그런 사람이 균형 잡힌 사람으로, 이야기도 재미있고 다시 만나고 싶어진다.

애인을 가져라…… 단 '취미'라는 애인을.

Work Life Balance

# 46 때로는 샤프하게, 때로는 센티멘탈하게

뇌가 전체적으로 균형 있게 활동하도록 하기 위해서 평소 우뇌를 활성화하는 일에 노력해야 한다. 그러려면 일 이외에 어떤 취미를 가지면 좋다.

우뇌, 좌뇌라고 말한다. 우뇌는 감성과 정서와 관련된 것을 관장하고 있는 것으로 알려져 있다. 좌뇌는 계산과 사무적인 능력과 관계가 있다.

서양 사람들에 비해서 동양인들은 우뇌의 활동이 활발해서인지 예민한 사람들이 많다고 한다.

이런 실험을 한 적이 있었다고 한다. 정원에서 우는 벌레 소리를 들려줬더니 서양 사람들은 좌뇌로 들었다고 한다. 단순한 벌레 소리, 즉 잡음으로밖에 듣지 않았다는 것이다.

하지만 동양인들은 우뇌로 듣는다. 단순한 벌레 소리로 듣는 것이 아니라 거기서부터 여러 가지 감흥을 얻는 것이다. 틀림없이 우리의 예술이나 공예에는 이른바 '우뇌적인 발상'에서 태어난 것들이 많이 있다.

그런데 회사에 들어가면 뛰어난 우뇌의 실력을 발휘할 기회가 거의 없어진다. 벌레 우는 소리를 들을 때마다 감흥에 잠기면 '업무에 방해가 되기 때문'일지도 모르겠지만 이 역시 안타까운 일이 아닐 수 없다.

그리고 위기감을 느끼기도 한다.

비용절감, 목표달성률, 매출액 등 좌뇌에만 치우쳐서 일을 하다보면 우뇌의 기능이 점점 나빠지게 된다. 그 때문에 누구도 생각지 못했던 독창적이고 기발한 아이디어를 내지 못하게 된다.

누군가에게서 들은 것을 그대로, 남들이 하고 있는 것을 자신도 그대로 해버리는 획일적인 방법으로밖에 일을 처리하지 못하게 된다. 경쟁 회사와의 차별화가 요구되는 시대, 진정으로 활용되어야 하는 것은 우뇌이다.

따라서 특히 샐러리맨들은 뇌가 전체적으로 균형 있게 활동하도록 하기 위해서 평소부터 우뇌를 활성화하는 일에 노력을 기울여야 한다.

우뇌를 활성화하려면 구체적으로 일 이외에 어떤 취미를 가지면 좋다. 음악을 듣거나 그림을 그리는 등 감성을 기르기 위한 취미를.

그것이 어려운 사람은 밤에 한잔 할 때 가벼운 마음으로 짧은 시를 지어보는 습관을 들이는 것도 좋을 것이다. 겨우 몇 글자, 그것이 우뇌를 개발해준다.

# 47 머리를 비우면 마음이 채워진다

머리를 텅 비우는 방법으로는 아무것도 하지 않는 것보다 오히려 무엇인가를 하는 것이 훨씬 더 효과적이다. 머리를 비우는데 요리는 훌륭한 방법이다.

사람에게는 머리를 텅 비우는 시간이 필요하다.

하루에 10분도 좋고 20분도 좋다. 번거로운 일, 괴로운 일, 화가 나는 일…… 그러한 잡다한 것들을 전부 떨쳐내고 머리를 텅 비워버림으로써 다시 한 번 마음이 정리되고 새로운 삶의 의욕도 솟아나게 되는 법이다.

'머리를 텅 비우는 방법'으로는 '아무것도 하지 않는 것'보다 오히려 '무엇인가를 하는 것'이 훨씬 더 효과적이다.

내가 아는 영화감독은 요리로 머리를 비운다고 한다. 냄비 속에서 부글부글 끓고 있는 찌개를 흐뭇하게 바라보고 있으면 머릿속이 텅 비어 편해진다고 한다. 그의 말에 의하면 요리는 손과 눈으로 생각해서 하는 것이라고 한다. 골치 아프게 두뇌를 사용할 필요는 전혀 없다. 그 점이 마음에 든다고 한다.

사실은 나도 종종 요리를 한다. 제일 잘하는 요리는 콘비프 캐비지로, 혼자 하코네에 있는 별장에 갈 때면 이 콘비프 캐비지로 끼니를 때우곤 한다. 요리는 분명 즐거운 것이며 기분 전환이 된다.

집에 있을 때는 아내에 대한 서비스로 식사 후 설거지를 하기도 하는데 그것 역시 머리를 비우기에 아주 좋은 일이다.

일러스트레이터이자 수필가인 딸은 때때로 야마가타에서 메밀국수집을 경영하고 있는 친구의 집으로 국수 뽑기 수행을 떠난다. 수행이라고 해봐야 비전문가의 취미활동 범위를 넘어서지 못하는 것이지만 그것도 머리를 비우기 위한 수행인 것이다. 반죽을 하고 국수를 뽑고 삶고 하는 일에 열중하는 동안 머릿속에 잡념이 없어져 깨끗해질 것이다.

요즘 메밀국수 만들기를 취미로 삼고 있는 사람들이 늘어나고 있는 듯한데 그들에게 있어서 국수를 만드는 시간은 일상의 번거로움을 잊을 수 있는 행복한 한 순간일 것이다.

요리와 메밀국수 만들기 모두 손을 사용하는 일이고 창조적인 일이다. 손을 사용하기 때문에 두뇌 활동에도 좋고 장수에도 도움이 된다고 말하는 사람들도 있다. 일거양득이 아닌가?

5장

# 세련된 삶

Work
Life
Balance

Work Life Balance

# 48 내리막길에서 마음의 균형이 흔들린다

정상을 오르는 것은 힘든 일이지만, 정작 위험한 것은 내리막길이다. 긴장이 풀어져서 몸의 중심을 잃고 다리를 헛딛고 만다. 인생의 '내리막길'도 조심조심 내려가야 한다.

모든 것을 다 바쳐서 일하던 직장에서 명예퇴직을 권고 받았을 때, 과중한 업무를 끝낸 뒤에 찾아오는 공허함, 무거운 짐을 벗어버린 뒤에 찾아오는 우울증, 상승이 멈췄을 때 찾아오는 증상, 경쟁에서 뒤처졌을 때의 허탈감, 실직으로 인한 우울증, 장기불황 증후군, 부서 이동에서 오는 우울증, 귀가 공포 증후군, 빈집 증후군…… 이들은 모두 직장인들에게서 흔히 찾아볼 수 있는 마음의 병이다.

열심히 일을 할 때는 상관없다. 먹고 자는 것을 잊을 정도로 몰두할 수 있는 일이 있을 때는 순풍에 돛 단 듯이 앞으로 나아간다. 상승곡선을 그리며 무슨 일이든 순조롭게 풀려나갈 때는 정신적으로도 안정할 수 있다.

하지만 오르막길에서 내리막길로 접어들기 시작할 때가 위험하다. 마음의 균형이 무너져서 마음의 병에 걸릴 수 있다.

커다란 일을 마치고 한숨 돌렸다 싶을 때, 명예퇴직, 지방 발령, 하루의 일을 마쳤을 때, 실직…… 그럴 때 갑자기 삶의 의욕을 잃고 강한 불안감에 휩싸여 눈앞이 캄캄해진다. 지금부터는 무엇을 해야 좋을지 몰라 멈춰 서버리게 된다.

산을 오르는 일도 그와 비슷하다. 정상을 향해서 오르는 것은 힘든 일이지만, 정작 위험한 것은 내리막길이다. 정상을 정복했다는 안도감 때문에 긴장이 풀어져서 조그만 돌부리나 나무뿌리에 걸려 몸의 중심을 잃고 다리를 헛디뎌 부상을 입게 된다. 인생의 '내리막길'도 조심조심 신중하게 내려가야 한다.

신혼인 사람은 퇴근 시간이 되면 즐거운 마음으로 집에 돌아간다. 사랑하는 사람이 집에서 기다리고 있다. 즐거움이 기다리고 있기 때문이다.

이 일이 끝나면 무엇을 할 것인가? 정년퇴직 후에는? 아이들이 다 자란 후에는?

'하고 싶은 일'을 사전에 준비해두어야 한다. 그것이 내리막길에서의 부상을 방지하는 길이다.

Work Life Balance

# 49 인생의 커브 길을 주의하라

자신을 애인처럼 소중하게 여겨야 한다. 자신에게 '엄격하게'가 아니라 '부드럽게' 하는 것이다. 그것이 화려한 무대에서 추락하지 않는 요령이다.

노력해온 보람이 있어서 드디어 임원으로 승진.

지금까지 단역만 맡아온 배우가 주인공으로 전격 캐스팅.

조금씩 모아온 돈으로 젊은 시절부터 꿈꿔왔던 자신의 가게를 창업.

'자, 지금부터다.'라며 마음을 다잡고 인생의 화려한 무대에 선 순간부터 우울증에 시달린다.

우울증은 성공병이라고도 불린다.

'이렇게 커다란 책임이 따르는 일을 내가 정말로 해낼 수 있을까?'라는 무거운 중압감에 시달리게 되고 그 중압감에 짓눌려서 우울 상태에 빠지게 된다.

그렇게 되기 전에 자신의 관리에 대해서도 생각해두어야 한다.

만약 당신의 애인이 중압감에 시달리고 있다면 당신은 어떤 말을 해주겠는가? 너라면 잘 해낼 수 있을 거야, 라며 다정하게 힘을 북돋워줄 것이다. 애인의 심리적 불안감을 조금이라도 덜어주려 할 것이다. 애인에게는 그렇게 배려할 수가 있다. 하지만 자신에게는 그렇게 하지 못하는 사람들이 많다.

'내가 왜 이러는 거지? 이러면 안 되는데. 정신 똑바로 차려야지.'

이런 말로 자신을 심하게 질책한다. 그것이 우울증을 부른다.

자신이라는 사람을, 애인처럼 소중하게 여겨야 한다. 자신에게 '엄격하게'가 아니라 자신에게 '부드럽게' 하는 것이다. 그것이 인생의 화려한 무대에서 추락하지 않는 요령이다. 자신을 애인처럼 소중하게 여길 것.

나는 '인생의 위험한 커브 길'이라고 부르는데, 이 위험한 커브 길은 오르막, 정상, 내리막 등 어디에나 존재하고 있다.

어느 여가수의 노래에 나오는 울퉁불퉁한 길이나 구불구불한 길, 지도에조차 나오지 않는, 그것도 역시 인생…… 이라는 말처럼 인생에는 '우울이라는 위기'가 곳곳에서 도사리고 있다.

자신을 거칠게 다뤄서는 안 된다. 애인에게 다정한 말을 건넬 때처럼 '자신이라는 사람'에게도 소중하게 대해야 한다.

Work Life Balance

# 50 빈둥거리는 여유로움

휴일에는 출근하지 말 것. 쉬는 날에는 일에 대해 잊도록 노력한다.
'열심히 일하지 않는 여유'가 인생을 편안하게 만들어준다.

요즘 서점가에서는 제목에 '잘한다'라는 말이 붙은 책이 잘 팔리고 있다고 한다. 잘하는 여자, 잘하는 남자, 일을 잘한다, 상사에게 잘한다고 인정받는…… 등의 책. 하지만 '잘하는 사람'일수록 위험하다.

찬물을 끼얹을 생각은 없지만 그런 사람들 곁에는 돌연사가 도사리고 있다.

A타입 행동패턴, A형 기질이라는 말이 있다. 혈액형을 말하는 것이 아니다. A는 active, aggresive의 머릿글자이다. 즉 행동적이고 적극적인, 일을 척척해나가는 타입을 말하는 것이다.

회사에서는 인정받는 존재로 출세도 빠르다. 리더십이 있으며 부하들도 존경한다. 그런데 이런 타입의 사람들이 한창 일할 나이에 돌연사하는 경우가 종종 있다.

A타입은 대략 다음 같은 특징을 갖고 있다.

- 지기 싫어한다. 스스로 적을 만드는 경우가 있다.
- 출세욕이 강하다. 야망과 목적의식이 뚜렷하다.
- 말투가 빠르고 식사를 급하게 하며 걸음이 빠르다. 조급하다.
- 마음먹은 대로 풀리지 않으면 바로 초조함을 느낀다.

이런 사람들은 '열심히 한다는 것'에 스스로 도취되어버리는 경향이 있다.

다른 사람들보다 얼마나 더 많은 일을 했는지, 얼마나 더 많이 거래처를 방문했는지, 얼마나 더 많은 자료를 훑어보았는지, 얼마나 잠을 덜 잤는지와 같은 것에서 희열을 느끼며 주위 사람들에게 자랑하고 우월감을 느끼기도 한다.

노력해서 얻은 결과보다도 노력했다는 사실 자체에서 행복감을 얻는다. 따라서 피로에 지쳤으면서도 아직 괜찮다는 듯 에너지가 넘치는 표정을 짓는다. 그중에는 과도한 업무를 수행하느라 혈압이 올라 병원에 치료를 받으러 다닌다는 사실을 자랑스럽게 얘기하는 사람도 있다.

열심히 하는 것과 동시에 천천히 쉬는 것의 소중함도 알아야 한다. 휴일에는 출근하지 말 것. 쉬는 날에는 일에 대해 잊도록 노력한다. '열심히 일하지 않는 여유'가 인생을 편안하게 만들어준다.

행복이란 '열심히 하는 것'과 '열심히 하지 않는 것' 사이의 균형감각을 유지해야 얻을 수 있는 것이다.

Work Life Balance

# 51 첫마디 말의 법칙

잘못된 것은 상대방이 아니라 자신의 마음이다. 마음에 여유가 없기 때문에 다른 사람의 일하는 모습이 눈에 거슬리며 화가 나는 것이다.

동료나 부하직원의 일하는 모습을 보고 화가 치밀어오른 적이 있을 것이다. 그것도 한두 번이 아니었을 것이다.

일은 제대로 하고 있는 거야?

대체 회사는 무엇 하러 다니는 거야? 그야말로 월급만 축낸다니까.

뭐 하는 거야? 얼른 마무리 지으라고.

벌써 퇴근해? 일이 아직도 산더미처럼 쌓여 있는데.

과장님이 한잔 같이 하자고 했다고? 기가 막혀서. 일도 제대로 못하면서 애교를 떨기는. 노는 것만은 타의 추종을 불허한다니까.

이런 식으로 화가 치밀어오를 때는 주의해야 한다. 심신에 피로가 상당히 쌓여 있다는 증거다. 마음속에는 나 혼자만 열심히 일하고 있다, 언제나 나만 죽을 고생을 하고 있다, 나는 동료들 몫까지 일을 하고 있다는 생각들이 소용돌이 치고 있다.

하지만 잘못된 것은 상대방이 아니라 자신의 마음이다. 마음에 여유가 없기 때문에 다른 사람의 일하는 모습이 눈에 거슬리며 일일이

비위가 상하고 화가 나는 것이다.

그 '화' 때문에 당신의 마음은 더욱 지치고, 마음의 여유를 잃는 악순환에 빠져버리는 것이다. 그대로 간다면 언젠가는 폭발해 버릴지도 모른다.

이 악순환에서 벗어나기 위해서는 '첫마디'를 미리 정해 두어야 한다. 부하가 다소 실수를 범했을 때는 다정한 목소리로 "괜찮아. 다음부터는 조심해."라고 말하기로 정해둔다.

똑같은 실수를 반복해서 화가 났을 때도 "왜 같은 실수를 되풀이하는 거지? 그 원인과 대책을 스스로 생각해서 보고서를 제출해봐."라고 사무적인 처리를 하도록 말한다.

아내의 운전 연습을 시켜주면서 걸핏하면 화를 내는 남편이 "뭐하는 거야? 그게 아니잖아. 이렇게 해야지."라며 소리를 지르면 아내는 팔이 굳어버려서 하지 않아도 될 실수를 반복하게 되는 법이다. 그것을 피하기 위해서도 '첫마디 말의 법칙'이 필요하다.

부드러운 목소리와 사무적인 처리, 그렇게 미리 마음속으로 정해두면 부드럽게 상대방을 대할 수 있게 된다. 폭발하기 직전의 제어장치가 되어주기도 한다.

Work Life Balance

# 52 그렇게 급하게 어디로?

남들과 함께 달리는 사람보다 자신의 속도에 맞춰 걷는 사람이 훨씬 더 균형 잡힌 사람이다. 자신의 페이스에 맞추는 사람이야말로 마음이 풍요로운 사람이다.

텔레비전을 보고 있는데 한 대학교의 합격 발표 장면이 나왔다.

나는 문득 옛날에 텔레비전 광고에서 사용했던 '그렇게 급하게 어디로 가는 거지?'라는 말을 떠올렸다. 당시 유행어가 되기도 했는데, 사람들의 '조급한 기질'을 잘 드러낸 표현이었다.

수많은 수험생들이 문 앞에 모여 있다가 교문이 열리자마자 너나 할 것 없이 교내로 뛰어들어 전력질주로 게시판을 향해 달려간다.

왜 달려가야 하는 걸까?

결과는 이미 결정되어 있다. 게시판 앞으로 가장 먼저 달려간다고 해서 불합격이 합격으로 바뀌는 것도 아니다. 천천히 걸어가도 상관없지 않은가?

이런 생각도 해보았다. 무언가에 걸려 넘어져 부상을 입고 응급차로 병원에 실려가 3개월간 입원…… 그래서는 합격을 했다 해도 입학식에는 참석할 수 없지 않은가?

얼마 전, 커피숍에서 우연히 듣게 된 옆자리 두 사람의 대화.

"집에서 커피를 마실 때는 블랙으로 마시는데 밖에서 마실 때는 아까워서 설탕과 크림을 전부 넣게 된단 말이야. 나 궁상맞지?"

"나도 그래. 나도 궁상맞나봐."

달리는 사람의 심리도 이런 '조급한 기질'과 같은 것이라고 생각한다. 한마디로 여유가 없다는 것. 자신의 속도를 모른다고 할 수 있다.

남들이 달리면 자신도 함께 달린다. 이왕 달릴 바에는 남들보다 조금이라도 빨리 달리고 싶다는 기분.

최선을 다하는 모습처럼 보이겠지만, 한편으로는 '마음의 여유가 없는 사람'의 전형적인 행동이다.

남들과 함께 달리는 사람보다는 자신의 속도에 맞춰 걷는 사람이 훨씬 더 균형 잡힌 사람이다.

자신의 페이스에 맞춰서 살아가는 사람이야말로 마음이 풍요로운 사람이다.

# 53 잘못된 자존심이 사람들을 떠나게 한다

균형 잡힌 사람은 '누가 위'인지 경쟁하겠다는 마음을 품지 않는다. 남들과 자신을 비교해서 말하지 않는다. 사람을 대하는 태도에서도 여유가 느껴진다.

상대방이 누구든 첫 대면에서는 긴장을 하게 마련이다. 하지만 대부분은 처음 대화에서 긴장이 풀어져 나름대로 화기애애한 분위기가 만들어지는 법이다.

그런데 언제까지고 긴장감을 조성하는 사람이 있다.

말이나 표정에서 여유가 느껴지지 않는 사람과 이야기를 하다보면 싸움을 걸고 있는 게 아닐까 생각되기도 한다.

눈이 충혈되어 있고, 몸을 앞으로 내밀고 있어서 묘하게 들이대는 듯한 느낌도 준다.

'당신 같은 사람에게 질 수 없지. 나를 만만하게 봤다간 큰코다쳐. 사람 우습게 보지 마.'라는 마음의 소리도 들려오는 듯하다.

이런 사람들은 자기 과시욕과 자존심이 강한 사람이다.

"연말에는 하와이에서 보낼 거야."라고 말하면 "그래? 나는 호주에 갈 건데."라며 일일이 맞받아치기 때문에 대화를 나누기가 싫어진다.

상대방의 말을 하나하나 물고 늘어져 자신은 '그것보다는 더 대단하다'는 사실을 어필한다. 남들에게 지기 싫어한다. 무슨 일이 있어도 사람들 위에 서고 싶어한다.

상대가 "건강진단에서 당뇨병 기미가 있다는 말을 들었어."라고 말하면 "그 정도면 다행이게. 나는 당뇨병 환자라니까."라며 병까지도 자랑을 한다.

그와 같은 자존심은 균형 잡힌 자존심이라고 할 수 없다. 한쪽으로 치우친 자존심이다.

균형 잡힌 사람은 '누가 위'인지 경쟁하겠다는 마음을 품지도 않는다. 자신의 페이스를 지키며 '나는 나, 너는 너'라는 사실을 잘 알고 있다. 남들과 자신을 비교해서 이러쿵저러쿵 말하지 않는다. 사람을 대하는 태도에서도 여유가 느껴진다.

반면 '치우친 자존심'을 가지고 있는 사람들에게는 강한 열등감만이 존재할 뿐이다. 인생이 마음대로 되지 않는다는 데서 오는 열등감. 학력이 낮다는 데서 오는 열등감. 이성에게 인기가 없다는 데서 오는 열등감.

무언가 열등감을 가지고 있는데, 자존심 강한 성격 때문에 사람들에게 들키고 싶어하지 않는 것이다. 따라서 이상할 정도로 '지기 싫어하는 성질'을 발휘해서 고집을 피우며 어필하는 것이다.

이런 사람은 아무도 좋아하지 않는다. 만나기만 해도 피곤해진다. 주위 사람들이 은근히 피하게 되는 그런 사람이다.

Work Life Balance

# 54 안전선 안에서 브레이크를 걸자

균형 감각 있는 사람이라도 술기운에 이야기를 부풀리는 경우가 있다.
하지만 어디까지 부풀려도 되는지 어디까지 부풀려서는 안 되는지는 잘 알고 있다.

가능하지도 않은 일을 "제게 맡기십시오."라고 말하는 사람이 있다. 지나치게 과장해서 말하는 사람이 있다. 때로는 자신을 잘 보이려고 새빨간 거짓말을 하는 사람도 있다.

모두 허영심이 강한 사람들이다. 그 자리에서는 '정말 대단한데.'라며 남들이 추켜세워 줘서 우쭐해질지는 모르겠지만 그런 사람을 보면 '나중에 괴로움을 겪게 된다. 그래도 괜찮은가?' 라고 물어보고 싶어진다.

'전에 했던 말과 얘기가 다르지 않습니까?' 라는 소리를 듣게 되어 창피를 당하게 될 뿐만 아니라 주위 사람들로부터 '저 사람이 하는 말은 그다지 믿을 만한 게 못 돼.'라는 혹독한 평가를 얻어 기가 꺾이게 된다.

그런 사실들을 잘 알고 있으면서도 사람들을 놀라게 하는 재미에 빠져서 사소한 일을 과장되게 말하고, 주위 사람들이 놀라는 표정을 지으면 신나서 더욱 떠들어댄다.

술꾼에 비유해보면, 다음날 아침 숙취로 고생할 것을 알면서도 자신도 모르게 분위기에 휩싸여 과음을 하게 되는 것이라고 할 수 있다. '자신도 모르게'를 계속하다보면 언젠가는 알코올 중독에 걸리게 된다.

과장하기를 좋아하는 사람 역시 자신도 모르게 이야기를 부풀려가다가 결국에는 발을 뺄 수 없게 되고, 이야기의 전개에 따라서는 남들로부터 사기꾼이라는 말을 듣게 될지도 모른다.

균형 감각 있는 사람이라도 술기운에 이야기를 부풀리는 경우가 있다. 하지만 어디까지 부풀려도 되는지 어디까지 부풀려서는 안 되는지는 잘 알고 있다.

이와 같은 균형 감각을 유지하기 위해서는 역시 욕심을 버리고 80%만 채운다는 생각을 갖는 것이 중요하다. 욕심을 부리다보면 자신도 모르게 도를 지나쳐 적당한 선에서 브레이크를 걸지 못하게 된다.

그렇다고 게으름을 장려하는 것은 아니다. 무리 없이, 자연스럽게, 자신답게, 균형있게, 자신의 페이스에 맞춰서 살아가기 위한 방법이다. 사람들이 좋아하는 사람은 그런 사람일 것이다.

Work Life Balance

# 55 외길 인생이 자랑은 아니다

인생의 후반을 미리 설계한 사람에게는 오직 외길을 걸어온 사람보다
결정적인 순간에 흔들림이 덜하다. 그 비결은 인생의 균형 감각에 있다.

매해 여름이면 절이나 암자에 들어가 수행하는 '하안거'를 시작한다. 실제로 나도 그것을 본 적이 있는데 어설픈 기분으로는 그 엄격함을 도저히 견뎌내지 못할 것이다.

최근 그 엄격한 수행에 자신도 참가하고 싶다고 신청하는 중장년들이 급증하고 있다고 한다. 한창 일할 나이의 비즈니스맨들이 무슨 생각으로 이러한 수행에 몸을 던지려 하는 것일까?

내 생각으로 이들은 '외길' 인생을 걸어온 사람들일 것이다. 오로지 일, 오로지 실적, 오로지 한 회사, 오로지 출세가도…… 이와 같은 외길 인생에 아무런 망설임도 없이 오히려 자부심마저 느끼며 살아왔을 것이다.

그런데 40대로 접어들 무렵이 되면, 문득 '내 인생 이 대로 괜찮은 것일까?'라는 의문이 생겨 갑자기 불안해지기 시작한다. 그리고 그것을 계기로 자신의 인생을 되돌아봐야겠다고 생각한다.

즉, 자신의 '외길'과는 다른, 마음을 울리는 일에 몰두해보고 싶다

고 생각한다. 한쪽으로만 치우친 자신의 인생의 균형을 바로 잡고 싶다고 생각하는 것이다.

외길 인생을 자랑하는 사람에게 꼭 해주고 싶은 말이 있다. 그런 삶에는 무리가 따른다는 사실이다.

언젠가 정년이 찾아오면 오직 일을 위해서만 걸어온 외길 인생에도 종지부를 찍어야만 한다. 정년까지 한 길만 걸어갈 수 있다면 그래도 나은 편이다.

오로지 마케팅 부서에서 한 길만 걸어왔는데 회사에서 갑자기 인사부로 부서 이동 명령을 내릴지도 모른다. 더 나쁜 경우는, 회사 일에만 매달려 왔지만 구조조정으로 '이젠 출근하지 않아도 돼.'라는 말을 듣게 될지도 모른다.

회사일 이외의 자기계발을 해왔더라면 그 충격이 덜할 것이다. 취미를 창업의 수준까지 발전시킨다든가, 인생의 후반을 미리 설계한 사람에게는 오직 외길을 걸어온 사람보다 결정적인 순간에 흔들림이 덜하다.

그 비결은 인생의 균형 감각에 있다. 외길 인생보다는 다방면에 걸쳐서 수많은 삶의 보람을 만들어두는 것이 균형 잡힌 인생이다.

# 56 타인을 걱정하면 자신도 힘이 솟는다

자신의 일만 걱정하는 사람은 남의 일을 걱정하는 사람과는 반대로 몸과 마음이 모두 지쳐 있다. 실천도 하지 못하고 우물쭈물거리다가 건강도 잃게 된다.

어떤 사람에게서 '언제나 남을 걱정해주는 사람은 건강합니다.'라는 말을 듣고 깜짝 놀랐다.

술을 좋아하고 짠 음식을 좋아하는 남편이 걱정이다. 학교 성적이 별로 좋지 않은 아들이 걱정이다. 혼자서 생활하고 계시는 아버지가 걱정이다. 내일 날씨가 걱정이다. 텔레비전 뉴스를 바라보며 '요즘 세상이 대체 어떻게 되려고 이러는 거야.'라며 걱정하고, '우리나라의 앞날이 걱정이다.'라며 한숨을 쉰다.

"걱정스러운 사람들이 이렇게 많으니 하다못해 나라도 건강해야지. 건강하게 가족들의 식사를 만들고, 아들을 격려하고, 아버지를 보살펴야지……라며, 실제로 제 아내는 너무나도 건강합니다."라고 그는 자신의 관찰 결과를 말해주었다.

'사람은 건강하기 때문에 웃는 것이 아니다. 웃기 때문에 건강한 것이다.'라는 말이 있다. 그 어법을 빌리면 '사람은 건강하기 때문에 남을 걱정하는 것이 아니다. 남을 걱정하기 때문에 건강한 것이다.'

라고 말할 수 있을 듯하다.

그의 말을 듣고 나는 일리가 있다고 생각했다.

이와 반대로 '자신의 일만' 걱정하는 사람이 있다.

이렇다 할 장점도 없는 내가 이 세상을 어떻게 살아가면 좋을까?

입사 동기인 누구도 해고당했고 또 누구도 해고당했다. 다음은 내 차례가 아닐까?

올해도 결혼하지 못했다. 내년에는 꼭 하고 싶지만 그것도 장담할 수는 없다. 내 삶은 대체 왜 이 모양일까?

이처럼 자신의 일만 걱정하는 사람은 남의 일을 걱정하는 사람과는 반대로 몸과 마음이 모두 지쳐 있다. 실천도 하지 못하고 우물쭈물거리다가 건강도 잃게 된다.

자신의 앞길도 걱정이 되기는 하겠지만 그것은 일단 제쳐두고 주위 사람들의 걱정을 먼저 해보자. 그 사람을 위해서 무엇인가를 하게 되기 때문에 힘없이 있을 수만은 없다. 건강해질 수밖에 없다.

마음을 너무 자신에게만 치우치지 않도록 할 것. 자신과 타인 사이에서 균형을 유지하도록 해야 한다.

Work Life Balance

# 57 질투심과 열등감 다스리기

자신과 타인을 비교해가며 열을 내는 사람보다도 자신만의 즐거움을 발견해서 거기에 열중하는 사람이 훨씬 더 매력적이다.

예전에 한 여자대학교에서 강의를 맡았던 적이 있었다. 거기서 조그만 사건이 하나 일어났었다. 그 대학의 기숙사에서 생활하고 있는 A라는 여학생이 방으로 남자를 끌어들였다는 것이다. 규칙위반이자 다른 사람에게 피해를 주는 행동이라는 진정서가 날아들었다.

진정서를 제출한 것은 그 학생과 같은 방을 쓰고 있는 B양이었다. 그런데 자세히 조사해보니 그런 사실은 확인되지 않았다. 전혀 근거 없는 얘기로 A양에 대한 음해였다.

어째서 그런 행동을 한 것일까? 자신보다 외모도 뛰어나고 성적도 좋은 A양에 대한 질투심 때문에 한 행동이라는 사실이 밝혀졌다.

물론 그런 일이 있어서는 안 되겠지만, 만약 학교 측에서 B양의 말을 믿고 A양을 기숙사에서 쫓아냈다면 그것으로 B양의 기분은 풀렸을까?

아마도 그렇게는 되지 않았을 것이다. 그런 행동을 한 자신의 마음을 바라보며 양심의 가책을 느껴 예전보다 더 큰 괴로움에 시달리게 되었을 것이다.

자신보다 뛰어난 사람에 대한 질투심이나 열등감은 누구나 가지고 있다. 누구나 자신의 마음속에 있는 '악마'와 싸우고 있으며, 질투심이 날뛰지 못하도록 주의를 기울이고 있다. 그것은 상대방에게 피해를 주기 때문이 아니라, 자신의 인격을 지키기 위해서 질투심을 억누르고 있는 것이다.

균형 잡힌 사람의 마음속에도 '악마'가 살고 있다. 하지만 잘 길을 들여서 밖으로는 나오지 못하도록 누르고 있다.

뛰어난 사람을 중상해봐야 득될 것은 아무것도 없다. 결국에는 열심히 노력해서 그 사람보다 자신이 더욱 '뛰어난 사람'이 되는 수밖에 없을 것이다.

나라면 좀 더 다른 방법을 취하겠다.

그렇게 흥분해서 남과 경쟁하지도 않고, 남보다 예뻐지는 일도, 학교의 성적을 올리는 일도 제쳐놓고 그 사람에게는 없는 '인생의 즐거움'을 찾기 위해서 노력하는 것이다. 상대방이 공부밖에 모르는 사람이라면 나는 운동에 몰두한다든가 취미에 열중하는 방법도 있을 것이다.

자신과 타인을 비교해가며 열을 내는 사람보다도 자신만의 즐거움을 발견해서 거기에 열중하는 사람이 훨씬 더 매력적이며 사람들에게도 좋은 인상을 심어줄 수 있을 것이다.

Work Life Balance

# 58 '고맙다'는 한마디로 모든 균형이 잡힌다

상사가 부하에게 '고마워'라는 말을 하지 않으면 부하는 '저 사람 밑에서는 일할 맛이 안 난다. 대체 누굴 위해서 일하는 건지 모르겠다.'는 생각을 갖게 된다.

어떤 사람은 무슨 일이 있을 때마다 '고맙다'고 인사를 한다. 친절하게 대해준 사람에게는 물론, 전화로 일기예보를 들었을 때도 고맙다는 인사를 한 뒤 수화기를 내려놓는다. 그것만으로도 '인격이 훌륭한 사람'이라는 인상을 강하게 준다.

'고맙다'는 말을 자주 사용하는 것은, 대인관계의 균형과 자신의 마음의 균형을 잘 잡아주는 가장 간단한 방법이다.

아마도 가정에서는 남편이 아내에게 '고마워'라는 말을 하지 않게 된다. 그럼으로써 "왜 하필이면 소파에서 자는 거예요. 청소에 방해가 되잖아요. 그렇게 할 일이 없으면 세탁기라도 좀 돌려줘요. 빨랫감이 산더미처럼 쌓여 있으니까."라는 아내의 잔소리가 끊이질 않는다. 그래서 부부싸움도 끊이질 않게 되었을 것이다.

직장에서는 상사가 부하에게 '고마워'라는 말을 하지 않게 됨에 따라서 부하는 '저 사람 밑에서는 일할 맛이 안 난다. 대체 누굴 위해서 일하는 건지 모르겠다.'는 생각을 강하게 갖게 될 것이다. 그리고 서로의 불신감도 깊어질 것이다.

다툼과 불신감이 반복되면 정신 건강의 균형도 무너져버린다.

'고마워'라는 말 한마디로 당신도 상대방도 기분이 좋아진다. 인간관계의 균형이 좋아지며 마음의 균형도 안정된다.

그러기 위해서 중요한 것은 영국 사람들처럼 'No'라고 말할 때도 'No, Thanks.'라며 상대방에 대한 감사의 말을 덧붙이는 것을 잊어서는 안 된다.

타인의 쓸데없는 간섭에도 '고맙지만 나는 됐어.'라고.

나를 생각해서 해주는 일인 줄은 알지만 오히려 폐가 될 때도 '이번에는 됐어. 고마워.'라고.

진심으로 성의를 담아서 '고마워'라고 말하는 요령은 '당신 덕분에 내가 열심히 살아갈 수 있다. 당신은 나의 버팀목이다.'라는 사실을 깨닫는 것이다.

그것이 균형 잡힌 인간관계를 이어가는 기본이라고 할 수 있다.

Work Life Balance

# 59 적당한 선에서 매듭 짓기

술자리에서 적당히 기분이 좋을 때 '오늘은 이쯤에서 돌아갑시다'라며 마무리를 지을 줄 아는 사람, 이런 사람이 인간관계나 일에 있어서 '균형 잡힌 사람'이다.

술이 들어가면 완전히 딴사람으로 변해버리는 사람이 있다.

술을 마시면 시끄러워지는 사람과 조용해지는 사람, 이렇게 두 가지 부류가 있다. 이른바 '조증' 타입과 '우울증' 타입이다.

이 두 타입의 성격이 변해가는 과정에도 각각의 특징이 있다.

처음에는 즐겁게 마시다가 점점 목소리가 커진다. 끊임없이 자랑을 늘어놓기 시작하고 잘난 척 떠들어대기 시작한다. 잔소리를 시작한다. 화를 낸다. 아무에게나 시비를 건다. "이런 회사 당장 때려치우겠어. 때려치우겠다고. 두고 봐."라고 외쳐대기 시작한다.

이런 태도를 보이는 것은 '조증' 타입의 특징이다. 이런 타입은 마지막으로 앞뒤가 맞지 않는 말로 억지를 부리는데 다음 날에는 이 모든 사실을 잊어버리고 만다.

처음에는 즐겁게 마시다가 갑자기 조용해진다. 말을 걸어도 건성으로만 대답한다. 의기소침하고 표정이 어두워진다. 중얼중얼 혼잣말을 해대기 시작한다. 아무런 이유도 없이 눈물을 흘리곤 한다. 자리에서 벌떡 일어나 어디론가 가버린다. 이것은 '우울증' 타입이 보이는 증상으로 극한 상황으로 치달으면 자살을 생각하는 경우도 있으니 주의를 기울여야 한다.

양쪽 모두 평소 자신을 상당히 억누르고 있는 사람들일 것이다. 알코올 때문에 억눌려 있던 것이 단박에 폭발한 것이다.

스트레스를 받는 방법에도 각각의 특징이 있다.

'조증'인 사람은 인간관계에서 스트레스를 받기 쉽다. 활발한 성격으로 사람들과 잘 어울리지만 사소한 마음의 갈등 때문에 상처를 입곤 한다. 꽤 순수한 사람이다.

'우울증'인 사람은 일의 중압감 때문에 스트레스를 받기 쉽다. 말이 없고 자기주장에 서툴기 때문에 과도한 일을 떠맡게 되는 경우가 많다.

따라서 '조증'인 사람은 다른 사람들에게 휘둘리지 않도록 주의해야 한다. '우울증'인 사람은 쓸데없는 일까지 떠맡지 않도록 스스로 노력할 것. 그렇게 함으로써 정신 건강의 균형을 유지할 수 있다.

술자리를 즐겁게 하고 기분좋게 술을 마실 줄 아는 사람이 있다. 이런 사람이 '균형 잡힌 사람'이다. 적당히 기분이 좋을 때 '오늘은 이쯤에서 돌아갑시다.'라며 마무리를 지을 줄 안다. 인간관계나 일에 있어서도 '균형 잡힌 사람'이다.

6장

# 세상을 보는 안목

Work
Life
Balance

Work Life Balance

# 60 인생의 뒷길도 나쁘지 않다

인생에는 뒷길이라는 것이 있다. '뒤'라고 하면 별로 좋게 들리지는 않지만 거기서 '빛'을 발견했다면 당당하게 그곳으로 들어가는 것이 좋다.

벌써 30년 전의 얘기이다. 20가구도 안 되는 작은 어촌에서 굴 양식사업 아이디어를 냈다. 그때까지 어업으로 근근이 입에 풀칠을 해 왔지만 너무 전망이 없었기 때문에 어업을 포기하고 마을 사람 전원이 합심해 회사를 조직해서 굴 양식에 모든 것을 걸었다. 그런데 한 집만은 거기에 참가하지 않았다.

결과는 굴 양식사업이 대성공을 거둬 전국에 출하, 마을 전체가 풍요로워졌다고 한다. 그런데 가장 풍요로워진 것은 양식사업에 참가하지 않았던 집으로, 그 사람은 굴 껍데기 처리 공장을 차렸다고 한다. 굴 껍데기를 벗겨서 내용물을 출하한 뒤 껍데기는 공터에 버려두었는데 어느 틈엔가 산더미처럼 쌓이게 됐고 그것이 무너져 도로와 인가까지 잠식, 처리에 골머리를 썩고 있다는 사실에 착안한 것이었다.

때로는 남들과 다른 길을 가는 것이 성공의 지름길이 되는 경우도 있다.

어떤 사람은 젊었을 때 제1지망 대학에 들어가지 못하고, 졸업 후에도 대기업에 들어가고 싶었지만 그 희망을 이루지 못해 결국 사원 열 몇 명이 일하는 작은 회사에 취직했다. 그때 마음속으로 '남들이 하지 않는 것을 하겠다.'고 다짐했다고 한다. 실제로 '남들이 하지 않는 사업'을 해서 주목을 끌게 됐고 영세 기업을 대기업으로 성장시켜 지금은 그곳의 사장이 되었다.

인생에는 뒷길이라는 것이 있다. '뒤'라고 하면 별로 좋게 들리지는 않지만 거기서 '빛'을 발견했다면 당당하게 그곳으로 들어가는 것이 좋다.

'모두가 하고 있는 것' 속에서 위로 올라가기란 그리 쉬운 일이 아니다. 엘리트들이 모인 곳이어서 경쟁도 심하다. 오히려 '남들이 하지 않는 것'을 하는 편이 더 빨리 두각을 나타낼 수 있다.

주인공이 되지 못했다면 조역을 철저하게 수행하라. 주인공이 되는 사람이란 얼굴이 잘생겼고, 머리가 좋고, 화술이 뛰어나고, 이성에게 인기가 좋고…… 등 뻔한 스타일이다.

하지만 조연 중에는 개성파들이 많다. 그 사람이 아니고서는 연기할 수 없는 그런 조역을 철저하게 수행하다보면 주인공을 능가해버리는 경우가 생길 것이다.

유태인들은 '뛰어난 사람보다는 다른 사람'이 되라고 말한다. 일부러 다른 것에 도전해보는, 그렇게 균형을 잡는 방법도 있다.

# 61 재능과 노력의 균형

'재능이 있다'는 칭찬을 들었을 때는, "아닙니다. 아직 멀었습니다."라고 대답하는 것이 좋다. 진심으로도 그렇게 생각해야 한다.

천부적인 재능을 가지고 태어났다 할지라도 그것을 제대로 활용하지 못하면 아무 쓸모없는 것이 된다. 보석을 그대로 썩혀버리는 것이다. 재능을 꽃 피우든 썩히든 그것은 그 사람의 자유지만 기왕이면 활용하는 쪽으로 노력을 해보는 것이 좋다.

야마구치 현의 이와쿠니로 강연을 갔을 때의 얘기다.

강연이 끝난 뒤, 한잔 하러 가자는 말이 나와서 주최자들과 함께 어떤 바에 갔다.

사실 그 바는 예전에 강연을 했을 때도 안내를 받아 한 번 가본 적이 있는 곳이었는데 나는 그 사실을 까맣게 잊고 있었다. 그런데 그곳의 마담이 나를 보자마자 "어서 오세요. 오랜만입니다."라고 인사를 했다. 그리고 "저 자리가 5년 전에 선생님께서 앉으셨던 자리니 저쪽으로 가세요."라며 안내를 해주었다.

그게 전부였지만 나는 기분이 아주 좋았다. '과연 프로패셔널이다.'라고 감탄을 했다.

그 마담이라고 해서 태어날 때부터 특별히 기억력이 좋았던 것은 아닐 것이다. 틀림없이 손님의 얼굴이나 이름뿐만 아니라 당시 나눴던 얘기와 앉았던 자리까지 기억하기 위해 평소부터 훈련과 노력을 쌓아왔을 것이다.

타고난 미모를 가진 젊은 여성보다도 이처럼 열심히 노력할 줄 아는 마담이 훨씬 더 매력적이다. 호감을 갖게 된다. 손님도 기분이 좋아진다. 그 마담은 자신을 '썩힌 것'이 아니라 훈련과 노력으로 자신의 재능을 살린 사람이라고 할 수 있을 것이다.

신동도 10년이 지나면 평범한 사람이 되어버리는 경우가 많다. 자신의 재능에 심취해서 아무런 노력도 하지 않았기 때문에 평범한 사람이 되어버리는 것이리라. 역시 땀을 흘려 노력을 해야만 재능과 노력을 겸비한 균형 잡힌 사람이 되는 법이다.

따라서 '재능이 있다'는 칭찬을 들었을 때는, "아닙니다. 아직 멀었습니다."라고 대답하는 것이 좋다.

물론 대부분의 경우 예의상 그렇게 말하는 경우가 많지만, 진심으로도 그렇게 생각해야 한다. 그 말을 듣고 우쭐해지는 사람은 평범한 사람으로 가는 길을 걷게 된다. 끊임없는 노력이 재능을 꽃 피운다.

Work Life Balance

# 62 가르치려 들면 사람들이 외면한다

상대방의 전문 분야에까지 들어가 한수 가르치고 싶다는 유혹에 빠져들게 된다. 바로 이것이 사람 마음의 위험한 부분이다.

학교의 선생님이나 교육관계자들로부터 강연을 부탁받으면 저쪽에서는 내게 무엇을 기대하고 있는 걸까 라며 적잖이 고민을 하게 된다.

나는 '지금의 아이들을 어떻게 교육할 것인가?'라는 주제는 가능한 피하고, 교육과는 관계없는 얘기를 하려고 한다. 내가 전문으로 삼고 있는 분야나 때로는 거기서도 크게 벗어나서 취미인 비행기나 배, 여행, 술에 관한 얘기 등을 한다.

강연을 듣는 사람들은 전문가들이다. 교육론을 이야기해봐야 공자 앞에서 문자 쓰기다.

하지만 강연을 할 때는 단상에 서게 된다. 사람들보다 높은 곳에 선다는 것은 참으로 조심스런 일이다. 아무래도 사람들을 내려다보게 되어 어느새 자신이 잘난 것처럼 생각하게 된다. 게다가 앞에 있는 사람들은 진지한 눈빛으로 나를 바라본다.

나도 모르게 상대방의 전문 분야에까지 들어가 한수 가르치고 싶다는 유혹에 빠져들게 된다. 바로 이것이 사람 마음의 위험한 부분이다.

내가 알고 있는 한 경영 컨설턴트가 어떤 회사의 영업사원들을 앞에 놓고 '영업이란 이렇게 해야 한다'는 강연을 했다. 고객의 입장에서 본, 느낌이 좋은 영업사원이라는 시점에서 이야기를 했으면 그나마 나았을 것이다. 그런데 마케팅 이론을 늘어놓으며 '한수 가르쳐주겠다'는 태도를 취했기 때문에 현장에서 뛰고 있는 영업사원들은 '실망이다. 재미없었다. 별거 없었다.'라며 불평을 했다고 한다. 이미 잘 알고 있는 얘기를 '잘난 척' 떠들어대는 것을 들어야 하는 것만큼 견디기 힘든 일도 없다.

아무리 프로야구를 좋아한다 할지라도 감독이나 선수 앞에서는 '야구론'을 이야기해서는 안 된다. 그것이 상대방을 존중하는 태도이자 자신이 창피를 당하지 않는 요령이기도 하다.

어떤 코미디언은 방송을 시작할 때, 출연자 대기실에서 있었던 뒷얘기를 곧잘 하곤 한다. 누구는 어땠고 누구는 어땠다거나. 그런데 별로 인기가 없다. 그런 얘기는 이미 방송에서 소개되어 '잘 알려진 얘기'였기 때문이다. 그래서 요즘에는 '여러분들이 더 잘 알고 계시니 이미 알고 있는 분도 계실지 모르겠지만'이라는 말을 덧붙인 뒤 이야기를 시작했더니 인기를 얻게 되었다고 한다.

공자님 앞에서 문자를 쓸 때는 일부러 자신을 낮춰야 한다. 그것이 균형 감각 있는 사람의 매너다.

Work Life Balance

# 63 '적정한 때'는 남이 아닌 내가 정한다

'왜 결혼하지 않는가?'라고 묻는 사람일수록 결혼생활이 결코 장밋빛이 아니라는 사실을 더 잘 알고 있다. 그것을 알면서도 권하는 것이다.

좋은 여행 친구인 한 여성은 서른여섯 살에 결혼했는데 결혼하기 전까지는 '왜 결혼을 하지 않느냐.'며 종종 비난하는 듯한 소리를 들었다고 한다.

그런데 결혼을 하고 나니 이번에는, 역시 비난하는 듯한 목소리로 '왜 결혼을 했느냐.'는 소리를 듣게 되었다고 한다.

어떤 사람의 말에 의하면 서른 살이 넘어서도 독신으로 사는 여성은 세상과 싸워야 한다는 것이다. 바로 그 '왜 결혼하지 않는가?'라는 세상의 시선과 투쟁해야 한다는 말이다.

그 속에는 '뭘 그렇게 눈이 높은 거야?'라는 비난과 '빨리 결혼해.'라는 질책과, 때로는 '가엾다.'는 가벼운 모멸도 포함되어 있다.

그런 세상의 시선 앞에서 어떻게 자신의 생활방식을 지켜나갈 것인가? 거기에는 틀림없이 독신 여성으로서의 투쟁도 포함되어 있을 것이다.

하지만 '투쟁'이라는 의식을 가지고 있는 여성은 그래도 낫다. 자신만의 굳은 의지가 있기 때문이다.

때로는 '왜 결혼하지 않는가?'라는 말에 짓눌려서 인생의 균형을 잃어버리고 마는 여성도 있다. 독신으로 남아 있는 자신에게 초조함을 느끼고 위축되며 여자로서의 매력이 없는 것이라고 착각, 스스로를 책망해서는 안 된다.

무릇 적령기란 스스로 결정하는 것이다. 내 여성 친구인 그녀도 '서른여섯 살이 내 적령기였다.'며 웃음을 지었다.

그러면 되는 것이다. 서른 살을 넘은 독신여성은 사회경험도 풍부하고 나름대로의 경험도 쌓아왔고 나름대로의 가치관도 가지고 있는 법이다. 사람들이 입방아를 찧지만 그것보다 훨씬 더 가치 있는 무엇인가를 추구하고 싶다는 본심이 있다.

대체로 '왜 결혼하지 않는가?'라고 묻는 사람일수록 결혼생활이 결코 장밋빛이 아니라는 사실을 더 잘 알고 있는 법이다. 그것을 알고 있으면서도 남에게는 결혼을 권하니 세상의 시선이란 참으로 무책임한 것이다.

남은 남, 나는 나라는 생각으로 살아가는 것이 좋다.

# 64 동질감을 느끼게, 그러나 조금 겸손하게

'나도 마찬가집니다.'라고 말한 뒤 상대방을 추켜세운다. 결코 자신이 잘난 척해서는 안 된다. 이것이 동병상련의 마음을 이용하는 요령이다.

사소한 말의 뉘앙스의 차이로 마음의 거리가 단번에 가까워진다.

예를 들어서 불면증에 시달리고 있는 사람이 '두어 시간밖에 못 잤다.'고 말했다.

'그렇습니까? 사실은 요즘 저도 잠을 잘 못 자요. 보세요, 눈밑이 거뭇하죠?'라고 대답한다.

동병상련. 그 한마디로 친근감이 느껴져 긴장감이 해소되고 보다 편안한 분위기에서 검진을 할 수 있게 된다.

환자를 어떻게 편안하게 해줄 것인가, 하는 것은 의사가 해야 할 가장 중요한 덕목이다.

그저 수면제를 내주기만 한다면 그것은 치료라고 할 수 없다. 왜 잠들지 못하는지 원인을 찾아내고 그 문제를 해소하기 위해서는 환자와의 대화를 통해서, 때로는 남에게 하기 힘든 얘기까지도 털어놓을 수 있도록 해야 한다. '동병상련'은 환자와의 친밀한 관계를 조성하기 위한 일종의 테크닉이기도 하다.

만약 '두어 시간이라도 잠을 잤다니 그나마 다행입니다. 저는 어제 한잠도 못 잤습니다.'라고 말한다면 환자는 어떻게 생각할까? '당신 일은 내 알 바가 아니야.'라고 말하고 있는 듯한 느낌, 버림받은 듯한 느낌을 받게 될 것이다.

'나도 마찬가집니다.'라고 말한 뒤 상대방을 추켜세운다. 결코 자신이 잘난 척해서는 안 된다. 이것이 동병상련의 마음을 이용하는 요령이다.

파티 같은 자리에서 '비행기를 좋아하신다고요? 저도 비행기를 아주 좋아합니다.'라고 말을 걸어오는 사람이 있으면 덥석 쓸어안고 '내 친구여!'라고 외치고 싶어진다.

'선생님과는 비교도 안 됩니다. 저는 아직 멀었어요. 언제 시간이 있을 때 점보제트기에 대해서 들려주시기 바랍니다.'라며 나를 추켜세우면 더욱 기뻐진다.

동질감을 느끼게 그러나 조금 겸손하게…… 이런 균형 감각이 인간관계를 원만하게 해준다.

Work Life Balance

# 65 조언할 때도 균형 감각을 잃지 않는다

상대방이 자신의 말을 듣지 않는다 할지라도 화를 내서는 안 된다.
그것이 상대방과 자신 모두에게 스트레스를 주지 않는 방법이다.

고속열차로 여행하던 중, 우연히도 옆자리에 전부터 알고 지내던 한 여성이 앉게 되었다.

내 얼굴을 보자마자 '어머, 선생님'이라며 반갑게 인사를 한 뒤 '예전부터 선생님께는 분홍색 와이셔츠가 어울릴 거라고 생각하고 있었어요. 분홍색 와이셔츠를 입으시는 게 좋아요. 모두가 칭찬할 거예요. 젊은 여자들한테도 인기를 끌 거고.'라고 한마디 한 뒤, 오사카에서 도쿄에 도착할 때까지 쉴새없이 분홍색 와이셔츠 얘기만 했다. 당시 나는 파란색 와이셔츠를 입고 있었다.

이동 시간을 이용해서 마감 직전에 있는 원고를 체크하려 했던 나는 조금 화가 났지만 내색하지 않았다. '알랭 들롱도 어떤 영화에서 분홍색 셔츠를 입고 나왔는데 정말 멋있었어요, 호호호…….'라며 혼자 신나게 떠들고 있는 사람에게 '조금 조용히 해주세요.'라고 말한다면 찬물을 끼얹는 격이 되어버릴 것이다. 그런 용기가 없는 나는 선웃음을 지으며 가만히 참고만 있었다.

이틀 후, 눈물겹게도 집으로 전화를 걸어 '선생님, 분홍색 와이셔츠 사셨어요?'라며 여전히 즐겁다는 듯한 목소리. '이제 그만 봐주세요.'라고 사정하고 싶은 기분이었다.

사람에게는 자신만의 취향, 방식, 자신만의 멋 내는 법에 대한 균형 감각이 있다. 제발 그 점을 이해해달라고 말하고 싶었지만 그녀의 확고한 신념 앞에서 마음 약한 나는 그런 말은 꺼내보지도 못할 뿐이었다.

'권유의 귀신'이라 불리는 사람들의 특징은 첫째로 타인의 생각이나 기분을 전혀 고려하지 않는다. 둘째는 '저 사람도 참. 이렇게 하는 게 좋다고 입이 닳도록 말했건만 내 말은 아예 들으려고도 하지 않는다니까.'와 같은 불평을 입에 달고 다닌다. 셋째는 권한 것이 생각보다 좋지 않아도 별로 미안해하는 기색도 없이 '그럼, 이건 틀림없어.'라며 그 다음 것, 그 다음 것을 '권유'하는 끈질김을 가지고 있다.

어떤 경우든 상대방에게 커다란 스트레스를 주게 된다. 그런데도 자신만은 언제나 만족스러워서 기분이 좋아진다. 자신의 스트레스를 해소하기 위해서 권유를 하는 것일까?

자칭 '권유의 귀신'이라고 하는 사람들은, 상대방이 자신의 말을 듣지 않는다 할지라도 화를 내서는 안 된다. 사람과 사람 사이에 거리를 두는 법을 익히기 바란다. 그것이 상대방과 자신 모두에게 스트레스를 주지 않는 방법이다.

# 7장
# 적극적인 인생

Work
Life
Balance

Work Life Balance

# 66 불만을 털어놓을 수 있는 부부 사이

서로 참지 말고 불만이 있을 때는 불만을 서로 이야기하며
적당히 부부싸움도 하는 편이 훨씬 더 균형 잡힌 부부라고 할 수 있다.

언뜻 보기엔 원만한 관계를 유지하고 있는 것처럼 보이지만 사실은 균형이 좋지 않아 위험하다. 무너질 때는 순식간에 무너진다.

예를 들어서 완고한 남편과 현모양처. 얼마 전까지만 해도 이것이 일반적인 부부의 전형적인 모습이었는데 언뜻 보기에는 안정된 부부관계처럼 보인다. 하지만 내실은 어떨까.

남편은 하고 싶은 말, 하고 싶은 일 다 하니 불만이 없을 것이다. 하지만 아내는 인내를 강요받고 있다. 한쪽은 저 하고 싶은 대로 전부 하고, 한쪽은 가만히 참기만 한다. 아내와 남편이 반대인 경우도 있을 것이다. 이래서는 인간과 인간 사이의 균형 관계에 '치우침'이 있다고 할 수밖에 없다.

억지로 참으면 언젠가는 폭발한다. 최근 늘어나고 있는 황혼이혼은 참기만 했던, 위압적인 남편에게 인내를 강요받아오던 아내들의 반란이라고도 할 수 있다.

기가 센 아내와 기가 약한 남편의 관계도 마찬가지다. 무엇이든

하고 싶은 대로 하는 아내를 위해서 불평 한마디 없이 매달 착실하게 월급을 가져다주는 남편. 이래서는 황혼기에 남편이 이혼장을 내밀 가능성이 아주 높다.

개인적인 체험으로 미루어봐서 부부는, 서로 참지 말고 불만이 있을 때는 불만을 서로 이야기하며 적당히 부부싸움도 하는 편이 훨씬 더 균형 잡힌 부부라고 할 수 있다.

완고한 남편과 현모양처 사이에는 나름대로의 규칙이 있어서 안정적인 관계처럼 보이기도 한다. 언제나 금슬이 좋아서 부부싸움 같은 건 한 번도 해본 적이 없다는 부부도 안정적인 관계처럼 보인다. 하지만 서로 스트레스가 쌓여 있는 경우도 있을 것이다. 그것보다는 부부싸움을 하는 편이 스트레스도 쌓이지 않고 서로의 본심도 알 수 있기 때문에 좋은 균형 관계를 유지할 수 있다.

NHK의 아나운서였던 미야타 테루 씨가 신혼 때, 점심을 먹으려고 아내가 싸준 도시락 뚜껑을 열었더니 밥 위에 생강절임으로 글자가 적혀 있었다고 한다. 가만히 들여다보니 '테루 바보'라고 적혀 있어 깜짝 놀랐다고 한다. 전날 밤의 부부싸움에 대한 아내의 '깜찍한 복수'였다.

# 67 인간관계의 균형은 관용으로 유지된다

화해를 위한 기본이 되는 것은 '관용'이다. 저 사람이 나쁘다고 생각했기 때문에 싸움하게 된 것이니 그것을 고치는 '생각을 바꾸는 기술'을 익혀야 한다.

싸움을 하기도 하고 화해를 하기도 하는 관계가 바람직하다.

유명 요리사인 고바야시 가쓰요 씨는, 아들도 같은 요리사의 길을 걷고 있는데, 이런 말을 한 적이 있었다. "다른 사람과 함께 주방에 서면 왜 저렇게 하는 걸까? 이렇게 하는 편이 더 좋은데 라며 안절부절 못해 금방 지쳐버립니다. 하지만 아들과 함께 할 땐 그런 것이 없어서 좋습니다."라고.

어느 날, 한 텔레비전 방송에서 가쓰요 씨와 아들인 겐타로 씨가 함께 주방에 서 있는 모습을 봤다. 사이좋게 요리를 할 줄만 알았더니 '이렇게 해라, 저렇게 해라.' 서로 하고 싶은 말을 하는 모습이 거의 말다툼하는 것처럼 보였다. 하지만 긴장감은 거의 느끼지 않는 듯했다.

아마도 '우리는 싸움도 하지만 화해도 할 줄 안다.'는 안도감이 있기 때문일 것이다. 따라서 지치지도 않는다.

반면 타인과의 다툼에서는 '한 번 싸움을 하면 관계가 끝나는 게 아닐까.'라는 걱정이 앞서 이것저것 신경을 쓰게 되기 때문에 지치는 것이다.

싸움을 했을 때, 화해를 위한 가장 기본이 되는 것은 '관용'이다. 저 사람이 나쁘다고 생각했기 때문에 싸움을 하게 된 것이니 그것을 고치는 '생각을 바꾸는 기술'을 익혀야 한다.

저 사람이 나쁘다. → 하지만 이번 일로 언제까지고 저 사람을 원망하지는 말자.

저 사람, 해서는 안 될 짓을 했다. → 그래도 속은 착한 사람이다. 나쁜 사람이 아니다.

저 사람은 잘못된 판단을 내렸다. → 실수는 누구나 하는 법이다. 그렇기에 사랑할 수 있는 것이다.

저 사람 때문에 상처를 받았다. → 저 사람도 내가 한 말 때문에 상처를 받았을지 모른다. 내가 먼저 사과하자.

저 사람의 변명이 나를 화나게 만든다. → 변명을 하는 것은 나와의 관계를 소중하게 생각하기 때문이다.

이렇게 생각을 바꾸면 용서하는 마음도 솟아나게 된다. 인간관계의 균형을 유지해주는 것은 바로 이 '관대한 마음'이다.

# 68 의존심과 자립심의 적절한 균형

부부의 균형을 생각할 때 키워드는 '함께'라는 말이다. 함께 괴로워하고, 함께 기뻐하고, 함께 생활하고…… 이처럼 '함께'라는 의식이 중요하다.

좋은 부부가 되기 위한 조건을 들어보라는 질문을 받는다면 나는 다음과 같이 대답할 것이다.

- 서로 적당히 의지할 수 있을 것.
- 서로 자신의 힘으로 살아갈 수 있을 것.

두 가지는 의존심과 자립심인데 서로 모순되는 얘기다. 하지만 이 두 가지를 양립시켜야만 부부간의 균형이 유지된다.

의존심이 너무 강해지면 상대방에게 너무 기대게 된다. 자립심이 너무 강해지면 상대방으로부터 멀어지게 된다.

서로 의지하기도 하고 떨어지기도 하면서 적당한 거리를 유지해야만 균형이 잡히는 것이다.

서로의 마음이 너무 멀어져버리면 원만한 관계를 유지하지 못하게 된다. 너무 붙어버려도 원만한 부부관계는 유지하기 힘들다. 기본은 '서로 의지하며 자신의 힘으로 살아가는 것'이다. 그래야만 서로에게 부담이나 스트레스가 되지 않는 균형 잡힌 부부관계를 유지할 수 있다.

부부의 균형을 생각할 때 키워드가 되는 것은 '함께'라는 말이다. 함께 괴로워하고, 함께 기뻐하고, 함께 생활하고…… 이처럼 '함께'라는 의식이 중요하다. 자녀교육이든 직장 때문이든 부부가 함께 하지 못하면 부부간의 균형이 깨어지기 쉽다.

한쪽이 다른 한쪽에게 일방적으로 부담을 주거나, 한쪽만 즐기고 다른 한쪽은 아무런 즐거움도 없는 생활을 해도 원만한 관계가 유지될 수 없다.

어떤 부부의 이야기다. 시아버지가 병으로 쓰러졌다. 아내가 식사도 준비하고 뒤치다꺼리도 하는 등 하나에서부터 열까지 전부 수발을 들게 되었다.

바쁜 은행원인 남편은 매일 밤 야근에 쫓기다 늦게 귀가, 아버지에 관한 일은 완전히 아내에게 떠맡기다시피 했다. 그러자 아내는 '당신 아버지 일인데, 어쩜 그렇게 모른 척할 수 있어요?'라며 폭발, 매일 부부싸움을 하게 되고 결국 이혼까지 하게 되었다.

'함께'란, 남편도 어느 정도까지는 아내 대신 아버지의 수발을 드는 것. '나는 일 때문에 고달프다.'라고 생각한다면 그건 '함께'하는 것이 아니다.

'부부가 함께' 해야만 서로가 서로를 이해할 수 있다.

Work Life Balance

# 69 아버지가 회피하면 가족의 균형이 깨어진다

진학문제 등 아이의 장래에 대해서 진지하게 이야기를 나눌 때, 엄마가 감당하기 힘든 일 등 '일상적이지 않은 일'이 있을 때는 아버지가 나서는 것이 좋다.

자녀 교육은 원래 부부가 함께 균형있게 애정을 가지고 해야 한다. 그런데 아버지는 일 때문에 집을 비우는 경우가 많기 때문에 육아를 엄마에게 떠넘겨버리는 가정이 많다. 이렇게 되면 부모와 자식 간의 관계는 아무래도 엄마 쪽으로 더 치우치게 된다.

문제를 일으킨 아이들은 부모가 자신의 마음을 이해하지 못한다, 부모가 자신의 말을 들어주지 않는다고 말한다. 이 경우 '부모'라는 것은 대부분 '아버지'를 가리키는 말이다.

아이들도 엄마의 역할만으로는 건전한 마음의 균형을 유지하지 못하는 것이다. 역시 아버지와의 관계가 원만해야만 균형 있게 성장하는 것이다.

여기서 부부가 함께라는 것은 '아버지와 엄마가 똑같은 일을 해가며 아이를 기른다'는 뜻이 아니다. 접하는 시간도 똑같이, 함께 식사를 만들고, 옷도 함께 빨고, 가정교육도 함께…… 이렇게 하면 아이들도 답답함을 느낄 것이다.

엄마들에게는 나름대로 아이들을 대하는 방식이 있다. 한편 아버지에게는 아버지 나름대로의 아이를 대하는 방식이 있다. 각자 나름대로 아이와 대하면 되지만 그때 부부는 '팀워크'를 발휘해야만 한다.

부모의 말이 서로 다르면 커다란 문제로 발전하는 경우도 있기 때문이다.

엄마가 '놀지만 말고 공부도 좀 해라.'라고 말했는데 아버지는 '지금 안 놀면 언제 놀아? 공부는 나중에 해도 되니까 밖에 나가서 놀다 와라.'라고 말한다. 이렇게 되면 '당신, 쓸데없는 소리 말아요.'라며 부부싸움을 하게 될지도 모른다.

일상적인 예절교육이나 가정교육은 엄마가 주도적으로 하는 것이 더 효과적이다.

단 진학문제 등 아이의 장래에 대해서 진지하게 이야기를 나눌 때, 엄마가 감당하기 힘든 일이 일어났을 때 등 '일상적이지 않은 일'이 있을 때는 아버지가 나서는 것이 좋다.

그런 상황에서조차 '당신에게 맡길 테니 알아서 해. 나는 일 때문에 피곤해.'라며 회피한다면 균형 있게 애정을 쏟는 것이라고는 할 수 없다. 그렇게 되면 엄마와 아이 모두가 곤란을 겪게 된다.

Work Life Balance

# 70 아빠의 일하는 모습을 보여준다

아버지가 일하는 모습을 곁에서 바라보며 아이들은
막연하게나마 '일하는 것이 어떤 것인가'를 느끼게 될 것이다.

집으로 일거리를 가져가지 말라고들 하는데 때로는 일부러 '집으로 일거리를 가져가는 것'도 좋다.

그것이 아이들 교육에 도움이 되는 경우도 있다.

아이들이 '나는 앞으로 어떤 직업을 선택해야 하나, 어떤 사람이 되어야 하나.'를 생각할 때는 좋든 싫든 아버지를 참고로 하는 법이다.

정신과 의사인 오코노기 게이고 씨는 아버님도 의사였다.

오코노기 씨가 어렸을 때 아버님과 함께 씨름을 보러 간 적이 있었다고 한다. 관전 후 돌아오는 길에 갑자기 쓰러져 위독한 상태에 빠진 사람을 발견, 아버님은 의사로서 최선을 다해서 그 사람을 치료했다고 한다. 그 순간의 감동을 한시도 잊을 수 없었다고 오코노기 씨는 말한다. 오코노기 씨가 장래를 결정할 때, 틀림없이 그때의 경험이 큰 영향을 주었을 것이다.

혹은 반대의 경우도 있을 것이다. 아이가 아버지의 모습을 보고 '나는 절대 저런 사람은 되지 않겠다.'고 결심하는 경우이다. 아버지로서 슬픈 일이기는 하지만 그것도 역시 아이의 장래를 위한 토대가 된다.

어쨌든 아버지의 일상적인 모습을 아이들에게 보여주는 것은 매우 중요하다. 그것이 아버지의 역할이라는 생각도 든다.

한 학급에서 아이들이 생각하는 '아버지상'에 대해서 조사를 한 적이 있었다. '아버지의 직업은?'이라는 질문을 던지자 아이들은 무슨무슨 은행, 무슨무슨 회사라며 아버지가 다니는 회사의 이름을 댔다고 한다. 그래서 '무슨 일을 하고 있지?'라고 물었더니 대답하는 아이가 없었다고 한다.

집으로 일거리를 가져가는 것도 좋다고 말한 것은 이런 이유에서였다. 아버지가 일하는 모습을 곁에서 바라보며 아이들은 막연하게나마 '일하는 것이 어떤 것인가'를 느끼게 될 것이다.

'회사에 아이를 데려오는 것'을 장려하는 회사도 있다고 한다. 아버지가 일하고 있는 모습을 실제로 보여주자는 뜻인데, 그렇게 하면 아이들이 아버지의 일상에 좀 더 가까이 다가갈 수 있을 것이다.

아버지로서의 존재가 용돈만 주면 '있어도 그만 없어도 그만인 존재'로 인식되어버린다면, 본인은 물론 자식의 장래까지도 위험해질 것이다.

# 71 좋고 싫음이 아닌, 이해득실을 따져라

'좋고 싫음'으로 판단하는 사람은 '이해득실'을 따지지 못하는 사람이다. 좋고 싫은 감정보다 자신에게 득이 되는 일을 우선시하는 것, 그것이 균형 잡힌 삶이다.

아이들이 개성있게 자라기를 바라는 마음에서 '네 마음대로 하렴, 네 좋을 대로 해보렴.'이라는 방침으로 아이들을 기르는 부모들이 많다. 그만큼 부모가 아이들에게 잔소리를 하지 않게 되었다.

그런데 그 결과는 어떤가. 요즘 젊은이들은 무슨 일이든 '좋고 싫음'에 따라서 판단하고 행동하는 것이 당연하다고 생각한다.

좋아하는 일에는 열중하지만 싫어하는 일은 절대로 하지 않는다. 좋아하는 사람과는 사귀지만 싫어하는 사람과는 얘기도 하지 않는다. 그것이 자신에게 '유익한 것'이라고 착각하고 있다. 다시 말하면 '기분 내키는 대로 하루하루'를 만끽하고 있는 것이다.

프리타(특정 직업 없이 아르바이트로 살아가는 사람)나 니트족이라 불리는 젊은이들이 급증하고 있는 이유 중 하나가 바로 거기에 있는지도 모르겠다.

'좋아하는 일이 없으니 억지로 취직할 필요는 없다. 하고 싶지도 않은 일을 억지로 참아가며 하는 건 내게 도움이 되지 않는다. 집에

있으면서 좋아하는 일이 나타날 때까지 기다리는 편이 미래의 나를 위하는 일이다.'

하지만 그것이 정말로 '자신을 위하는 것'인지 반문해 볼 필요가 있다. 장래에 대한 불안에서 도망치기 위해 스스로 변명을 하고 있는 것은 아닌지.

지금 직장에 다니는 사람들도 반드시 '이 일이 좋아서' 하고 있는 것은 아니다. 좋아하지는 않지만 열심히 노력해서 나름대로 실적을 올리면 다음에는 '좋아하는 일'을 할 수 있을 것이다, 그때는 윗사람도 나를 적극적으로 지원해줄 것이다…… 라는 마음으로 하고 있는 것이다.

혹은, 인간적으로는 별로 좋아하지 않지만 이 분야의 전문가니까 잘 사귀어두면 좋은 기회를 잡을 수도 있을 거다, 그러니 지금은 이 사람(회사) 곁에 있자…… 라는 생각을 하는 것일지도 모른다.

당장은 '좋고 싫음'을 떠나서 감정을 조절해서, 장차 좋아하는 일을 하도록 하는 편이 훨씬 더 이득이다.

그렇게 판단한 사람이 자신에 대해서 훨씬 더 진지하고, 미래에 대한 계획도 훨씬 더 구체적이다.

'좋고 싫음'으로 판단하는 사람은 진정한 '이해득실'을 따지지 못하는 사람이다. 좋고 싫은 감정보다 자신에게 득이 되는 일을 우선시하는 것, 그것이 균형 잡힌 삶이다.

Work Life Balance

# 72 함께 있어도 고독한 이유

부모와 자식뿐만 아니라 가족 간에도 '우정'을 기르는 것이 중요하다. 그런 생각을 갖는 것만으로도 가족의 조그만 마음의 움직임까지를 느낄 수 있게 된다.

부모로서의 권위를 세우겠다며 억지로 위엄있는 척하거나, 잔소리만 해댄다면 부모와 자식 간에는 신뢰관계가 형성되지 않는다. 그것은 가족붕괴로 연결될 가능성도 있다.

때때로 자식이 부모를 죽이는 끔찍한 사건이 일어나는데 그 원인 중에는 '잔소리에 화가 나서'라는 경우도 상당히 많다. 이 무슨 비극인가?

부모와 자식 간에도 '우정'을 키우는 것이 중요하다. 때로는 부모와 자식으로, 때로는 좋은 친구로 관계를 맺어야 한다. 부모와 자식 간의 관계 80%, 친구로서의 관계 20% 정도로 관계를 맺는 것이 가장 이상적인 균형 관계이다.

요즘 1년에 3만 명 이상이나 되는 사람들이 자살을 하는데 조금도 줄어들 기미가 보이지 않는다고 한다.

지방의 조그만 시의 인구가 대체로 3만 명 정도 된다. 1년에 하나씩 조그만 시에 살고 있는 사람들이 한 명도 남지 않고 사라져가는 것이니 엄청난 숫자가 아닐 수 없다.

사람들이 자살을 생각하는 원인은 제각각이지만, 거기에는 고독감이라는 공통점이 존재한다. 깊이 고민하는 사람을 지탱해줄 만한 사람이 주위에 없는 것이다.

고독이라고 하면 이혼이나 어떤 가정문제로 혼자서 생활하고 있는 사람을 떠올릴지도 모르겠지만 사실은 그렇지가 않다.

자살한 사람, 자살미수자의 70% 이상이 가족과 함께 살고 있는 사람들이라고 한다.

함께 생활하는 사람이 있다. 부모도 있다. 자식이나 손자도 있다. 그런 가족들에 둘러싸여서 생활하고 있지만 실제로는 '나는 고독하다'고 심각하게 생각한다.

'얘기를 들어줄 만한 사람이 없었다'거나 '내게 어떤 고민이 있는지 알아주는 사람이 없었다'고 호소하는 사람들도 많다. 지금의 가족들 속에 인간적인 유대관계가 얼마나 희박한지를 보여주는 증거처럼 보이기도 한다.

바로 옆에 가족이 있는데도 얘기를 들어줄 만한 사람이 없었다니 참으로 쓸쓸한 얘기다.

부모와 자식 사이에서 뿐만 아니라 가족 간에도 '우정'을 기르는 것이 중요하다. 그런 생각을 갖는 것만으로도 가족의 어떤 조그만 마음의 움직임까지를 느낄 수 있게 된다.

# 73 자녀 교육의 균형은 엄격과 자유

소중한 자식에게는 여행을 시켜라. 이 가르침은 아이를 품안에서만 길러서는 안 된다, 고생을 시켜서 단련시켜라, 강한 사람으로 키워라, 라는 뜻이다.

스트레스학의 대가인 한스 젤리에 교수가 이런 실험을 했다.

같은 종류의 쥐를 한쪽은 조금씩 찬 기온에 적응시켜가며 키웠다. 다른 한쪽은 따뜻하고 쾌적한 환경 속에서 키웠다.

이 두 부류의 쥐를 동시에 영하 10도라는 환경 속에 놓아두었다. 그러자 차가운 기온에 적응하며 살아온 쥐는 그 환경에서도 살아남았지만 따뜻한 환경에서 살아온 쥐는 바로 죽어 버렸다고 한다.

적절한 스트레스가 있는 환경에서 자란 쥐가 강하게 성장한다는 것이다.

자녀를 기를 때도 마찬가지다. 아이들을 쥐하고 비교한다고 불쾌하게 생각할지도 모르겠지만 그런 부모일수록 아이들의 응석을 받아줘 나약한 인간으로 기를 위험성이 있다.

소중한 자식에게는 여행을 시켜라. 조상들의 이 가르침 역시 아이를 품안에서만 길러서는 안 된다, 고생을 시켜서 단련시켜라, 강한 사람으로 키워라, 라는 뜻이다.

한 문화인류학자는 할머니로부터 '집에는 무서운 사람을 하나 만들어두어야 한다'는 말을 자주 들었다고 한다.

무서운 사람의 역할을 아버지가 할지 엄마가 할지는 접어두고 어쨌든 그런 사람이 한 명 있어야 가정교육의 균형을 잡을 수 있다.

단, 너무 엄격해서는 안 된다. 그런 부모 밑에서 자란 아이는 어른이 되어서도 부모의 애정에 굶주려 의존심이 강하고 자립심이 약한, 홀로 설 수 없는 인간이 되어버리기 때문이다.

그 문화인류학자 할머니의 말을 빌리면 무서운 사람은 '한 사람'만 있으면 된다. 조부모, 부모 등 온 가족이 '무서운 인간'이 되면 아이에게 있어서 가정은 불안한 곳이 되기 때문에 제대로 성장하지 못할 것이다.

'한 사람'만이 엄격한 것이 부드러움과 엄격함의 적정한 균형관계를 유지시켜 준다. 그렇게 아이를 기르는 것은 부모의 책임이다.

그런 가정에서 자란다면 적어도 자립심을 자연스럽게 익힐 수 있을 것이다.

# 74 적극적인 사람은 먼저 베푼다

적극적인 사람은 먼저 베풂으로써 사람들과의 관계를 맺는다. 소극적인 사람이 친구를 잘 만들지 못하는 것은 먼저 '얻자'고 생각하고 있기 때문이다.

파티에는 두 부류의 사람이 있다.

다른 사람에게 적극적으로 말을 거는 사람과 누군가 말을 걸어오기를 가만히 기다리고 있는 사람. 전자는 사람 사귀기를 좋아하는 사람이다. 그렇다고 해서 후자가 사람 사귀기를 싫어하는 사람이라는 뜻은 아니다. 정말 사람 사귀기를 싫어하는 사람이라면 파티 같은 것에는 아예 참석도 하지 않았을 것이다.

사람과의 좋은 관계는 '마음과 행동'의 적절한 균형 속에서 태어난다.

양쪽 모두 사람과 친해지고 싶다는 마음은 가지고 있지만, 전자는 그 마음과 행동의 균형이 잘 잡힌 사람이고, 후자는 마음은 있지만 행동이 따라주지 않는, 마음과 행동이 균형을 이루지 못한 사람이라고 할 수 있다.

정신의학에서는 '내폐적(內閉的)'이라고 말한다. 이런 사람들은 직장이나 친구들 사이에서도 고립되기 쉬우며 친구를 쉽게 만들지 못한다.

자신은 그럴 마음이 전혀 없는데도 주위에서 '사람을 기피하는 사람'으로 인식하거나, 무슨 생각을 하고 있는지 알 수 없는 조금 위험한 사람으로 오해받는 경우도 있기 때문에 더욱 고립되는 경우가 많다.

'준 만큼 받는다'는 말이 있다. 내폐적인 사람들은 적극적으로 남에게 주지를 못한다. 수동적이고 소극적이다. 인간관계가 넓어지지 않는다.

이런 사람은 먼저 베푸는 것을 시도해보라. '베풀어라, 그러면 얻을 것이다.'

무슨 일에나 적극적인 사람은 언제나 남보다 먼저 '얻는' 것처럼 보이기 쉽다. '적극성'과 '얻는' 것이 비슷한 의미로 받아들여지기 때문일 것이다.

하지만 적극적인 사람은 먼저 베풂으로써 사람들과의 관계를 맺는다. 소극적인 사람이 친구를 잘 만들지 못하는 것은 먼저 '얻자'고 생각하고 있기 때문은 아닌지 곰곰히 생각해보자.

예를 들어 먼저 인사를 한다는 것은 상대방에게 자신의 마음을 '주는' 것이다. 친구가 없는 사람들은 이와 같은 베풂을 게을리 하고 있는 것처럼 보인다. 당신은 어떤가?

Work Life Balance

# 75 '따로 또 같이'의 균형감

혼자서도 활동할 수 있고 여럿이서도 함께 활동할 수 있는 균형 잡힌 인간관계를 구축하고 유지할 수 있는 사람이 요즘엔 의외로 드문 듯하다.

'승리조직, 패배조직'이나 '상류, 하류'와 같은 매우 극단적인 분류법이 젊은이들 사이에 유행하고 있는 모양이다.

그러한 분류법에 따라 내 나름대로 분류를 해보면 지금의 젊은이들은 '혼자 있기 파'와 '여럿이 있기 파'로 나눌 수 있을 것이다.

점심을 먹을 때도 서점에 들를 때도 휴일에 어딘가로 놀러갈 때도 누군가와 함께이다. 혼자서는 행동하지 못한다.

어떤 사람은 휴대전화 없이는 살아갈 수 없다고까지 말한다. 혹은, 수첩에 사람들과 만날 약속이 가득 들어차 있지 않으면 불안해진다고 말하는 사람도 있다. 혼자 있으면 무엇을 해야 할지 갈피를 잡지 못한다. 혼자 되는 것이 두렵다고도 한다.

그런데 한편으로는 사람들과 사귀는 것이 서툴러서 혼자만의 세계에 있는 것이 더 마음 편하다는 사람들도 있다. 다른 사람들과 함께 있는 것이 번거로워서 견딜 수 없는 것이다. 혼자 있기를 즐기며 적극적으로 인간관계를 맺어야겠다는 마음은 희박하다.

직장이나 학교에서 사무적인 이야기는 나누지만 그 이상의 이야기는 하려들지 않는다. 사람들과도 잘 사귀지 못한다. 자신의 방에서 비디오 보기를 더 좋아하며 관심있는 일에 몰두하는 것을 더 좋아한다.

이처럼 '언제나 혼자 있는 사람'과 '언제나 누군가와 함께 있는 사람', 양 극단으로 분류할 수 있는 것이 요즘의 젊은이들이다. 혼자서도 활동할 수 있고 여럿이서도 함께 활동할 수 있는 균형 잡힌 인간관계를 유지할 수 있는 사람이 의외로 드문 듯하다.

너무 뜨거운 목욕물 같은 사람과 너무 차가워서 사람이 들어갈 수 없는 목욕물 같은 사람만 있을 뿐, 적당한 온도를 가진 사람이 없는 것이다.

젊은이들이 이와 같은 행태를 보이게 된 데는 역시 개개인의 '성격적인 치우침'에 커다란 원인이 있을 것이다.

성격이 치우쳐 있기 때문에 인간관계도 치우쳐서 '매사에 혼자 있기 파'와 '매사에 여럿이 있기 파'로 분류되는 것이리라.

그렇다면 어떻게 해야 '성격적인 치우침'을 바로잡을 수 있는가 하는 것이 문제로 대두된다.

# 76 현명한 사람이란 균형있는 사람

인간관계의 균형을 유지하기 위해서는 업무 이외의 취미를 갖고, 동호인 모임에 적극 참여하는 것이 좋다. 너무 까다로운 표정을 지어서도 안 된다.

성격적인 치우침을 바로잡으려면 어떤 노력이 필요할까.

인간관계가 원만하다는 평가를 받는 사람은 '협조적인 성격'을 가진 사람일 것이다. 밝고, 유머 감각이 있으며 사람을 편하게 해준다. 언변도 좋고 이야깃거리도 풍부해서 사람과 금세 사귈 수 있는 타입이다.

단, 친구는 많지만 진정으로 의지할 수 있는 친구는 쉽게 생기지 않는 면이 있기도 하다. 단순한 기분파라고 여겨지는 경우도 있다. 너무 분위기에 휩싸여 해서는 안 될 말까지 해버려서 문제를 일으키는 경우도 적지 않다. 그러나 화해도 쉽게 한다.

인간관계의 균형을 유지하기 위해서는 자제심이 필요하다. 지나치게 분위기에 휩싸이는 자신을 제어한다는 의식을 강하게 가져야 한다. 그렇다고 해서 밝고 활기찬 모습까지 잃어서는 안 된다.

반면 사귀기 힘든 사람은 '신경질적인 성격'과 '융통성 없는 성격'을 가진 사람일 것이다.

언제나 무뚝뚝하고 붙임성이 없기 때문에 친밀하게 말을 걸어도 '넌 뭐야? 친한 척하기는.'이라는 태도를 보이며 더욱 무뚝뚝해진다. 이런 타입은 교우관계는 넓지 않지만 신뢰할 수 있는 사람과는 깊고 오랫 동안 사귄다.

'신경질 성격'은 대체로 세심하고 이성적이며 책임감이 강한 사람들이다.

'융통성 없는 성격'은 학자 타입이다. 의심이 많고 언제나 흥미있는 일에 몰두하는 사람들이 많다. 두 타입 모두 자신과 같은 분야에 있는 사람들과는 쉽게 의기투합한다. 하지만 다른 분야의 사람들과는 친분이 거의 없다.

인간관계의 균형을 유지하기 위해서는 자신의 업무 이외의 취미를 갖고, 동호인 모임에 적극적으로 참여하는 것이 좋다. 너무 까다로운 표정을 짓고 있어서도 안 된다. 거울 앞에 서서 좀 더 부드러운 얼굴 표정을 지을 수 있도록 연습해보자.

이외에도 인간관계가 어려운 사람들에게 '자기과시형' 타입이 있다.

자기과시형 성격은 남들의 눈에 띄기를 좋아하며 제멋대로 행동하기를 좋아하고 변덕이 심하다. 때로는 폭군처럼 행세하는 때도 있지만 강한 개성을 가진 사람으로 리더십도 있기 때문에 주위로 모여드는 사람들도 적지 않다.

이런 사람들은 타인의 마음을 배려하는데 좀 더 신경을 써야 한다. 자신의 언동을 다른 사람은 어떻게 받아들이고 있는지, 그런 점을 헤아림으로써 이기적이고 변덕스러운 성격을 제어할 수 있게 된다. 폭군과 같은 행동도 줄어들어 보다 균형 있는 인간관계를 구축

할 수 있게 된다.

누구나 어느 정도는 성격적인 치우침이 있게 마련이다. '저 사람은 집요하다'거나 '저 사람은 치사하다'는 등의 험담도 대부분은 '성격적 치우침'을 지적하는 것인 경우가 많다. 직장에서의 능력이 있고 없음도 업무처리 능력 그 자체보다 성격적으로 평가받는 경우가 많다. 그렇기 때문에 성격적으로 치우쳐 있으면 사회생활에 큰 어려움이 생긴다.

중요한 것은, 성격의 치우침이 성격 그 자체로 끝나는 것이 아니라, 그대로 '편협한 시야', '협소한 시야'가 되어버린다는 사실이다. 그것 때문에 별것도 아닌 일로 스트레스를 받게 되며, 사람을 의심하고, 오해를 낳고 여러 가지 문제를 일으키게 될 수도 있다.

치우침이 있다면 그것을 바로잡아 균형을 유지해야만 쓸데없는 스트레스를 피하고 남에게도 스트레스를 주지 않고 하루하루 행복한 마음으로 즐겁게 살아갈 수 있다.

균형 잡힌 원만한 인간관계를 유지해야만 현명하게 살아갈 수 있으며 인생의 균형 감각을 유지하는 한 방법이다.

Work Life Balance

# 77 나이 들어감을 인정하라

나이 든다는 것을 너무 부정적으로 생각해서는 안 된다. 아름다운 노년을 준비하면 더 즐거운 인생이 찾아올 것이라고 믿고 낙천적인 기분으로 하루하루를 보낼 것이다.

자신이 나이 들었음을 알고 살아가는 사람과, 전혀 깨닫지 못하고 살아가는 사람은, 중년 이후의 모습에 상당한 차이를 보인다.

이미 젊다고는 말할 수 없는 나이임에도 불구하고 '나는 아직도 젊다'고 생각한다. 아직 젊다, 아직 당뇨병을 걱정할 나이는 아니라며 20대와 마찬가지로 먹고 마신다.

이런 사람들은 노화에 맞서려는 노력도 그다지 하지 않는다. 오히려 노화를 촉진하는 일만 한다. 역설적이게도 그렇기 때문에 노화가 빨리 찾아오는 것이다.

사람들이 '나는 아직 젊다'고 생각하는 데는 나름대로 이유가 있을 것이다. 젊었을 때부터 한 번도 병에 걸린 적이 없다든가, 젊었을 때 운동부에서 활동하며 꾸준히 몸을 단련시켰었다든가, 아직도 밤새 술을 마셔도 숙취 때문에 고생하는 일은 없다든가…….

하지만 그렇게 자신만만한 사람일수록 더욱 위험하다.

장수하는 사람들의 얘기를 들어보면 의외로 젊었을 때는 몸이 약해서 잔병치레가 잦았던 사람들이 많다. 건강에 자신이 없었기 때문에 건강을 위해서 이것저것 신경을 쓰고, 영양의 균형을 생각하고, 적당한 운동을 열심히 해왔기에 좋은 결과를 얻을 수 있었던 것이다.

참고로 '나이들지 않는 7가지 방법'이라는 것이 있다.

- 과식하지 않는다.
- 담배를 피우지 않는다.
- 음주는 적당량만 한다.
- 운동하는 습관을 들인다.
- 스트레스를 쌓아두지 않는다.
- 잠을 너무 많이 자지 않는다.
- 사람들과 즐거운 만남을 갖는다.

병은 조기발견이 중요하지만 노화방지는 조기 실행이 중요하다. 마흔이 넘으면 특히 신경써야 한다.

갱년기에 대해 잠깐 언급해두겠다. 갱년기란, 중년기에 흔히 볼 수 있는 전형적인 '마음 균형의 붕괴' 현상이라고 할 수 있다.

갱년기라고 하면 여성만의 병이라고 생각하기 쉽지만 남성들에게도 갱년기가 있다. 그중에서도 상당히 심한 증상에, 그것도 매우 오랜 기간 동안 시달리는 사람들도 있다.

이건 남녀 모두에게 볼 수 있는 현상인데, 자신이 갱년기라는 사실을 알게 되면 상당한 충격을 받는 사람들이 많은 모양이다. 갱년기란 '당신도 이젠 젊지 않다. 지금부터 본격적인 노화가 시작된다.'

라는 선고이다. 죽고 사는 문제는 아니지만 '더 이상 젊지 않다'는 확실한 선고를 받는다는 것은 상당히 충격적인 일이다. 그 때문에 우울증이 심해지는 경우도 있다.

아무리 줄기차게 내리는 비도 언젠가는 그친다. 기나긴 밤을 지나면 아침이 온다. 갱년기는 극복할 수 있는 것이니 우울해할 필요 없다.

그리고 나이든다는 것을 너무 부정적으로 생각해서는 안 된다. 아름다운 노년을 준비하면 더 즐거운 인생이 찾아올 것이라고 믿고 낙천적인 기분으로 하루하루를 보낼 것이다.

역자 박현석

목원대학 국문과 졸업. 일본에 유학하여 동경일본어학교를 졸업했고, 동경 요미우리 이공전문학교에서 수학했다. 일본기업 등에서 직장생활을 한 뒤, 현재는 전문 번역가로 활동중이다. 저서로 〈일어회화+가이드북 단숨에 휘어잡기〉가 있고, 번역서로 〈함께 있으면 마음이 편해지는 사람〉 〈소설 삼국지 외전〉 〈바보들은 항상 머리로 생각한다〉 〈남자의 건강법〉 등이 있다.

일과 인생의 균형감각

1판 1쇄 인쇄 2006년 9월 10일
1판 1쇄 발행 2006년 9월 15일

지은이 사이토 시게타
옮긴이 박현석
펴낸곳 도서출판 사과나무
펴낸이 권정자
본문디자인 김성엽
등록 1996년 9월 30일(제11-123)
경기도 고양시 행신동 샘터마을 301-1208

전화 (031) 978-3436
팩스 (031) 978-2835
e-메일 bookpd@hanmail.net

값 9,000원
ISBN 89-87162-74-5 03320

## 상하이人 홍콩人 베이징人

### 중국 각 지역 상인들의 기질과 상술에 관한 보고서

세계의 공장 중국. 진출 한국 기업 18,000여개. 중국 진출은 이제 선택이 아니라 필수가 되었다. 그리고 양날의 칼처럼 위기이면서도 또한 기회이다. 각성(各省)마다 다른 독특한 기질, 즉 성민성(省民性)을 파악하는 것이 중국 관련 비즈니스의 성공 열쇠이다!

공건 지음/ 안수경 옮김/값 11,000원

## 남자의 건강법

### 남자의 후반생을 행복으로 이끌어주는 지침서

남자의 50대는 성적 능력의 분기점이다. 여기서 꺾이면 대부분 사람들은 그후도 능력을 발휘하지 못하게 된다. 반면 이 시기에 더욱 건강해지는 사람들은 평생 현역으로 섹스를 즐길 수 있는 행복한 사람이 될 수 있다.

다치카와 미치오 지음 / 박현석 옮김 / 값 10,000원

## 사무라이 인간경영

### 어느 사무라이가 들려주는 인간경영의 지혜

"사람을 거느린다는 것은 자기 혼자만 먹어서는 안 되며 한 그릇의 밥이라도 나누어 부하에게 먹인다면 따라오게 마련이다." 일본에서 수많은 사람들에게 자기수양과 비즈니스의 텍스트처럼 읽히고 있는 책.

야마모토 쓰네토모 지음 / 이강희 옮김 / 값 10,000원

## 〈삼국지〉 〈십팔사략〉에서 배우는 실패의 교훈

### 반면교사(反面教師)— 앞서 걸어간 사람의 발자취는 후세인들의 길잡이!

실패를 배울려면 '반면교사(反面教師)'에서 터득하는 게 가장 좋다. 가까이는 자기 주변에서, 멀리는 역사 인물 중에 그 본보기가 많이 있다. 특히 중국의 역사서에는 후세 사람들에게 반면교사가 된 실패자들의 얘기가 여러 가지 나와 있다. 이 책은 중국 역사 속 인물 50명을 골라 그 실패의 사례를 소개함과 동시에 현대 비즈니스맨들이 교훈으로 삼아야 할 점에 초점을 맞추어 쓰여졌다.

니와 슌 페이 지음/이강희 옮김/값 8,500원

## 미야모토 무사시의 오륜서

### "무협소설 매니아에서 대기업 경영자까지 모두 만족시키는 신기한 책" —김지룡(일본문화평론가)

일본의 전설적인 검객 미야모토 무사시. 그가 말년에 쓴 〈오륜서(五輪書)〉는 병법의 바이블로 통한다. 이를 현대의 경영 전략에 접목시킨 책 〈미야모토 무사시의 오륜서〉가 나왔다. 그는 이 책에서 검술과 무사의 도에 관해 얘기하지만 한 구절씩 음미해 보면 난세에 필요한 경영전략의 진수가 담겨 있다.

—〈한국경제〉 고두현 기자

미야모토 무사시 지음/값 7,500원

## 주식투자 절대불변의 법칙89

### 뜨거운 주식 시장 뛰어들기 전에 꼭 한번 읽어봐야 할 책

저자는 주식 투자 초기에 약간의 돈을 잃었다. 그래서 미국의 제일가는 금융 전문가들을 찾아다니며 인터뷰하고 면담하고 분석한 뒤 마침내 큰 수익을 얻었다. 이렇듯 월가의 고수들을 만나 배우고 주식에 관한 모든 책을 섭렵하여 주식투자에 있어서 반드시 지켜야 할 원칙들만을 쓴 것이 바로 이 책이다.

마이클 신시어 지음 / 김명렬 옮김 / 값 14,000원